ALTDEUTSCHE TEXTBIBLIOTHEK

Begründet von Hermann Paul
Fortgeführt von G. Baesecke
Herausgegeben von Hugo Kuhn

Nr. 11

Wernher der Gartenære

Helmbrecht

Herausgegeben

von

Friedrich Panzer

8., neubearbeitete Auflage
besorgt von Kurt Ruh

MAX NIEMEYER VERLAG TÜBINGEN

1968

1. Auflage 1902
2. Auflage 1905
3. Auflage 1911
4. Auflage 1924
5. Auflage 1941
6. Auflage 1960 ⎱ besorgt von
7. Auflage 1965 ⎰ Kurt Ruh

© Max Niemeyer Verlag Tübingen 1968
Alle Rechte vorbehalten · Printed in Germany
Satz und Druck Poppe & Neumann, Graph. Betrieb, Konstanz
Einband von Heinr. Koch Tübingen

INHALT

Vorwort	VII
Einleitung	XI
Bibliographie	XXIX
Text	1
Wort- und Sacherklärungen . . .	79

VORWORT
Zur sechsten Auflage

Die vorliegende Neuauflage von Panzers ‚Meier Helmbrecht', zu der ich mich durch Prof. Hugo Kuhn, den Herausgeber der ATB, und deren Verleger, Herrn Dr. H. Niemeyer, gerne verpflichten ließ, mußte zu meinem Bedauern im Zeichen arger Zeitnot besorgt werden. Unerwartet schnell war der Neudruck der 5. Auflage v. J. 1953 vergriffen und höchst wünschenswert eine sofortige Neubearbeitung.[1] Eine solche war mir nun nicht in allen Teilen möglich. Am dringlichsten schien mir die Einleitung einer Erneuerung zu bedürfen. Man halte es nicht für einen Mangel an Pietät gegenüber dem hochverdienten verstorbenen Herausgeber, wenn ich sie vollkommen neu gefaßt habe. Es geschah nicht, weil ich Panzer in wesentlichen Punkten nicht folgen zu können glaubte, sondern weil sich durch die neuere Helmbrecht-Forschung die Gesichtspunkte wesentlich verschoben haben. Die Diskussion der mannigfaltigen Thesen über den Schauplatz der Erzählung sowie über Stand und Herkunft des Dichters (von Panzer klar und sachlich geführt) darf heute einer kurzen Orientierung weichen: vieles hat nur noch forschungsgeschichtlichen Wert, anderes sind bloße Hinweise und Mutmaßungen, deren Erörterung sich eine Studienausgabe ersparen darf.

Das Literaturverzeichnis wurde von der Einleitung getrennt. Es erstrebt, abgesehen von den Ausgaben, keine Vollständigkeit, sondern will dem Studierenden eine erste Anleitung geben, sich mit den Problemen der Helmbrecht-Dichtung vertraut zu machen.

---
[1] Ihre Dringlichkeit betont H. Fischer, DVjS 31 (1957), S. 331, Anm. 103.

Was den Text betrifft, so dürfte eine neue Kritik der seiner recensio zugrundeliegenden Prinzipien nicht überflüssig sein.[2] Vorläufig habe ich mich auf eine Überprüfung des textkritischen Apparats nach der diplomatischen Ausgabe Gough's beschränkt. Es ergaben sich zahlreiche Fehler in den diakritischen Zeichen und in der Wiedergabe der Majuskeln, aber auch einige Dutzend schlimmere Fehler. Im Texte wurden die folgenden Stellen, z. T. im Anschluß an Gough's Studienausgabe v. J. 1947, geändert:[3]

13 f. statt *gienc (:vienc)]gie (:vie)* 35 *der lîm]daz lün* 94 *beide]beidiu* 128 *zît]tage* 147 *im* gestrichen 234 *in spotte]dô* 317 *mit drischelen]mit der drischele* 355 *sind alle]alle sint* 410 *vræze]æze* 420 *hinnen phurren]hin für* 481 *siner]sîner* 563 *und ob]ob* 650 *drin]drîen* 701 *enphienge (:gienge)]enphie (:gie)* 768 *zwâre]zewâre* 857 *erbeit]ûf erbeit* 1265 *Vater] Er sprach: Vater* 1303 *dich m. i. h.]m. i. h. dich* 1350 *kobel]tobel* 1360 *und bliuwen]bliuwen* 1384 *wæn]wæne ich]ich daz ich* 1389 f. *gevienc (:gienc)]gevie (:gie)* 1551 *hôchzit]hôchzît* 1590 *næm]næme* 1624 *slüeg]slüege* 1689 *dannoch d. r. n. was]noch was d. r. n.* 1712 *gruezte]gruozte* 1878 *mit slegen an im]an im mit slegen.*

Unberührt mußte ich das ‚Wörterbuch' lassen. In der vorliegenden Form, als Handreiche für den Anfänger gedacht, scheint es mir entbehrlich zu sein: diesen Dienst leistet auch Lexers Taschenwörterbuch. In Zukunft soll es durch wort- und sachkundige Noten, die unbedingt zum Verständnis der Dichtung erforderlich sind, ersetzt werden.

Als auffallendste Neuerung dieser 6. Auflage mag der Leser die Umnennung des Werkes empfinden. Sie mußte einmal gewagt werden, nachdem schon längst kein Zweifel mehr darüber besteht, daß der Titel ‚Meier Helmbrecht' niemals in der Intention des Dichters gelegen sein kann.[4] Der Bruch mit der Titel-

---

[2] Siehe unten S. XII f.
[3] Es sind Einzelfälle, die grundsätzliche Fragen der Textgestaltung nicht berühren.
[4] Zur Begründung siehe unten S. XIII f.

tradition wird sich in unserem Falle um so leichter vollziehen, als über die Identität des ‚Meier Helmbrecht' mit der ‚Märe vom Helmbrecht' keinerlei Irrtum möglich ist.[5]

Grüsch (Graubünden), im Februar 1960   Kurt Ruh

Zur siebenten Auflage

Noch einmal muß der ‚Helmbrecht' ohne neue recensio erscheinen. Der Text hat so dieselbe Gestalt wie in der sechsten Auflage; einzig einige Druckfehler (V. 467, 621, 943, 1187, 1897) wurden getilgt. – Die Einleitung erfuhr eine gründliche Überarbeitung; die Bibliographie wurde ergänzt.

Da der an die Handschrift B angelehnte Titel, den ich in der vorangehenden Auflage einführte, bei den Fachkollegen keine Gegenliebe fand, entschloß ich mich für ‚Helmbrecht'.

Würzburg, im Februar 1965   Kurt Ruh

Zur achten Auflage

Zu meinem Bedauern blieb die 6. Auflage v. J. 1960 ohne kritische Würdigung,[6] ein Umstand, der nicht dazu angetan war, meine Arbeit am ‚Helmbrecht' zu beflügeln. Doch habe ich mich immer wieder dem Text und dessen Problemen zugewandt. So bietet die vorliegende 8. Auflage zwar noch immer nicht die an-

---

[5] Für das Mitlesen der Korrekturen danke ich meinem Würzburger Assistenten, Herrn Dr. Dietrich Huschenbett.
[6] Ihr sichtbarster Erfolg spiegelt sich in der Ausgabe von M. Lemmer, Halle 1964, der meine Einleitung fast zur Gänze und vielfach im Wortlaut übernommen hat.

gekündete Neuredaktion, ist aber doch ein entschiedener Schritt zu ihr hin.

Das alte Wörterbuch ist durch Wort- und Sacherklärungen ersetzt, die Bibliographie ergänzt worden. In textkritischer Hinsicht habe ich die in ZfdPh 86 (1967), Sonderheft ‚Spätes Mittelalter' gewonnenen Resultate verwertet, die ‚Inquit'-Formeln und die Initialen eingeführt, wie sie im Archetypus gestanden haben dürften. Dazu treten manche Änderungen von Einzellesarten, die hier aus Raumgründen nicht verzeichnet werden können. Die Rechtfertigung dieser Neuerungen gedenke ich in einem Aufsatz der (Tübinger) PBB vorzulegen.

Grundsätzlich unangetastet blieb die bisherige sprachliche und metrische Gestalt des Denkmals. Sie entspricht bestimmt in vielem nicht dem Original; es müßte, um diesem näher zu kommen, systematischer und gezielter, als es bisher geschehen ist, der Versuch gemacht werden, die frühnhd. Überlieferung vom ursprünglichen Texte abzuheben. Dies erforderte eine umfassende linguistische Untersuchung der handschriftlichen Zeugen und deren Konfrontation mit dem Sprachgebrauch ihrer Zeit. Dazu ist für A von Th. P. Thornton, Die Schreibgewohnheiten Hans Rieds im Ambraser Heldenbuch, ZfdPh 81 (1962) und ausführlicher in der leider ungedruckten Dissertation der John-Hopkins-Universität, Baltimore 1954, gute Vorarbeit geleistet worden, aber für B bleibt noch alles zu tun.

Würzburg, im September 1968   Kurt Ruh

EINLEITUNG

1.

Die Helmbrecht-Erzählung ist in zwei Handschriften überliefert, für die sich die Siglen A und B durchgesetzt haben.

A ist die Perg.-Handschrift Ser. Nov. 2663 der Wiener Nationalbibliothek, das berühmte ‚Ambraser Heldenbuch‘, das Hans Ried, Zollschreiber am Eisack zu Bozen, zwischen 1504 und 1516 für Kaiser Maximilian geschrieben hat.[1] Der ‚Helmbrecht‘ steht dort im (dritten) Teil der Erzählungen und Schwänke Bl. 225rb–229rb.

B, der Berliner Kodex germ. 2° 470, hat heute seinen Standort in der Universitätsbibliothek Tübingen, Depot der ehem. Preußischen Staatsbibliothek.[2] Er ist nach einem Eintrag des Vorsatzblattes I^v 1457 zu Ende geschrieben worden und enthält außer dem ‚Helmbrecht‘ Bl. 229va–240vb den Jüngeren Titurel (Bl. 1^r bis 229^r). Die Herkunft aus dem österreichischen Traungau darf durch die Namenseintragung des Vorsatzblattes I^r und durch ihre Übereinstimmung mit den Ortsnamen des Helmbrecht-Textes (Lesarten zu V. 192 und 897) als gesichert gelten.[3] Der als Besitzer von Leubenbach im Traungau bezeugte Lienhart Mewrll dürfte die Abschrift in Auftrag gegeben haben.

---

[1] Über die Hs. und den Schreiber orientierten zuletzt: F. Unterkircher, Der Schlern 28 (1954), S. 4–15 (dort auch die wichtigste Literatur), und Th. P. Thornton, Die Schreibgewohnheiten Hans Rieds im Ambraser Heldenbuch, ZfdPh 81 (1962), S. 52–82.

[2] Beste Beschreibung der Hs. von W. Wolf in ZfdA 76 (1939), S. 68–71 und in der Einleitung zur Ausgabe des Jüngeren Titurel, DTMA 45, I, S. LVII–LX.   [3] Panzer, PBB 27 (1902), S. 101.

Daß die in A und B überlieferten Texte beträchtlich voneinander abweichen, darf nicht überraschen, wenn man weiß, wie großzügig die Abschreiber zumal mit der novellistischen Literatur umgegangen sind.[4] Dies trifft freilich für Hans Ried nicht zu, dem man eine höchst pedantische Kopistentreue nachgewiesen hat;[5] aber damit wird nur die Vorlage (*A) greifbar, deren Zuverlässigkeit keineswegs von vornherein feststeht. Die Schreibertugenden Hans Rieds haben nun dazu geführt, dem A-Text den Vorrang zu geben – einzig Pfeiffer und Kraus berücksichtigen B in stärkerem Maße –: ob mit Recht, müßte eine neue textkritische Untersuchung, die den durch A faßbaren *A-Text methodisch mit B gleichstellt, erst erweisen. Der kritische Punkt der Panzerschen recensio scheint mir nämlich darin zu liegen, daß sie unbestimmt läßt, ob A und B auf dieselbe Vorlage zurückzuführen oder ob Zwischenstufen anzusetzen sind,[6] m. a. W. ob wir von Stemma I oder II auszugehen haben.

Praktisch fußt Panzer freilich auf Stemma I (wie er auch wiederholt von ‚gemeinsamer Vorlage' spricht[7]): nur so darf er die nachweisbare Verläßlichkeit des A-Schreibers Hans Ried für die Gewinnung von X in Anspruch nehmen. Setzen wir *A da-

---

[4] Siehe die Bemerkung E. Henschels und U. Pretzels in PBB (Leipzig) 80 (1958), S. 480 f.; ähnlich H. Fischer, GRM 40 (1959), S. 220.
[5] Panzer, a. a. O. S. 92 ff.
[6] Siehe a. a. O. S. 92.
[7] z. B. a. a. O. S. 99; ZfdPh 38 (1906), S. 517.

zwischen (ob wir zwischen X und B Abschriften annehmen, ist methodisch irrelevant und auch nicht textkritisch zu begründen), d. h. gehen A und B nicht unmittelbar auf dieselbe Vorlage zurück, so hören Rieds Schreibertugenden auf, eine Garantie für die Stammhandschrift X zu sein. Daß Stemma I vor II den Vorzug verdient, ist von Panzer nie bewiesen worden; die Möglichkeit von II steht jedoch durchaus offen, ja ich neige entschieden dazu, ihr die größere Wahrscheinlichkeit zuzusprechen. Daß zwei Schreiber, die ein halbes Jahrhundert und der Ort ihrer Tätigkeit (Südtirol und Traungau) trennen, dieselbe Vorlage benutzt haben sollen, ist zwar nicht ausgeschlossen, aber alles andere als naheliegend, und entschieden für Stemma II ins Gewicht fällt die stark abweichende Abschnittsbezeichnung der Handschriften (durch Initialen),[8] aber auch das Verhältnis der Plus- und Minusverse.[9] Ein Entscheid für Stemma II schließt nun freilich nicht aus, daß A in seiner Gesamtheit immer noch den besseren Text bietet. Niemals jedoch läßt sich der textkritische Grundsatz, daß ‚die Fehler dieser Hs. fast mehr aus sich selbst als aus B zu bessern' sind,[10] verantworten.

Gerade was den Titel betrifft, so verdient B ohne jeden Zweifel den Vorzug, gleichgültig, ob sie ihn der handschriftlichen Tradition oder der Überlegung des Schreibers verdankt. Ried (A) griff nach dem ersten Namen, den die Erzählung bot (V. 21) und schrieb über den Text: *Das puech ist von dem Mayr Helmprechte;* B hat die Überschrift: *hie hebt sich ain mâr von dem helmprecht, der was ain nar vnd auch ain gauglâr. amen.* Der Nachsatz dürfte unecht sein. Aber er macht deutlich, daß *ain mâr von dem helmprecht* sich nur auf den jungen Helmbrecht beziehen kann. Und dies ist die Meinung des Dichters: *des sun was der selbe kneht / von dem daz mære ist erhaben* (22 f.). Einzig Helmbrecht der Sohn hat ein *mære.* Uns mag die Ge-

---

[8] Darüber Gough, Proceedings 1 (1925), S. 131 f.; Ganz S. 29.
[9] Siehe Ruh, ZfdPh 86 (1967), Sonderheft, S. 3–14.
[10] Panzer, PBB 27 (1902), S. 102.

stalt des Meiers stärker bewegen als das Schicksal von *Slintezgeu Helmbrecht*, die *bîspel*-Geschichte jedoch, die Wernher *selpherrischen kinden* (1913) zur Warnung erzählt, gilt diesem. Wenn Panzer den Titel ‚Meier Helmbrecht' schon von allem Anfang an als ‚nicht ganz passend' empfunden hat,[11] so dürfte die Umnennung der vorliegenden Ausgabe durchaus in seinem Sinne erfolgt sein.

2.

Die Kontroverse um den Ort der Handlung, die Jahrzehnte im Vordergrund der Helmbrechtforschung stand,[12] hat heute ihre Dringlichkeit verloren, nicht weil sie zu einem gesicherten Resultat geführt hätte, sondern weil die Forschung — mit guten Gründen — von der Voraussetzung abgerückt ist, es handle sich in der Geschichte vom Helmbrecht um ein historisches Geschehnis oder doch um die freie Nachbildung eines solchen. Es genügt hier der Hinweis auf die überlieferungsgeschichtliche Grundlage der Lokalisierungsdiskussion. Die Hs. A nennt die Namen *Hôhenstein* und *Haldenberc* (V. 192) nebst dem Brunnen von *Wanchûsen* (V. 897), die Hs. B hat an deren Stelle *Wels* und *Traunberg* bzw. *Leubenbach* (heute Leonbach). Das heißt: nach A haben wir uns die Handlung östlich der untern Salzach, im sog. Innviertel (damals zum Herzogtum Bayern gehörig), nach B ungefähr 100 km östlich davon, im österreichischen Traungau, vorzustellen. Man hat sich mehrheitlich für das Innviertel entschieden, ja heute ist dies durchaus communis opinio; denn daß die Lokalitäten vom B-Schreiber, dessen Gönner und Auftrag-

---

[11] So in der Einleitung zur 1. Auflage v. J. 1902, S. V; schon vor ihm Keinz, ²1887, S. 78; ihnen folgen Schiffmann S. 46 und Fischer S. 85. Entschieden lehnt Neumann (S. 202) den traditionellen Titel ab. Doch vermag ich seinem Vorschlag, das Werk ‚Die Helmbrechte' zu nennen, nicht zu folgen.

[12] Siehe die Studien von Pfeiffer, Keinz, Schiffmann, Panzer.

geber Lienhart Mewrll, dem Besitzer von Leubenbach, zuliebe, umgeschrieben worden sind, kann kaum einem Zweifel unterliegen. Andererseits bürgt die Pedanterie des Hans Ried dafür, daß er sich keine Änderungen gestattet hat. Aber ist damit die Echtheit der A-Namen bewiesen? Genaugenommen sind doch nur die Lesarten von *A, bzw. X, wenn wir von Stemma I ausgehen, sichergestellt. Und ist dem *A- oder X-Schreiber nicht zuzutrauen, was wir dem B-Kopisten nachzuweisen vermögen? Ich halte dies für recht wahrscheinlich.[13] Man bedenke, daß diese Ortsnamen nur sprechend sein konnten, wenn sie den Hörern (und Lesern) vertraut waren. V. 188 ff. versichert der Dichter, daß kein Bauer landauf, landab einen so kostbaren *warkus* trug wie der junge Helmbrecht. Statt ‚landauf, landab‘ sagt er, sozusagen unmittelbar ins Publikum hinein, ‚zwischen den Örtlichkeiten x und y‘. Und ebenso kann die Erwähnung eines Brünnleins mit besonders frischem oder gar heilkräftigem Wasser nur sinnvoll sein, wenn dabei eine der Hörerschaft bekannte Quelle genannt wird. Diese Namen waren also dem Zugriff der Schreiber besonders ausgesetzt, wenigstens in einer Zeit, die noch der Vortragssituation gerecht wurde[14] und keinerlei literarische Tendenzen verfolgte (was für Hans Ried bzw. seinen kaiserlichen Auftraggeber bereits zutrifft). War nun der Dichter, wie wir später wahrscheinlich machen, ein Berufsdichter und schrieb er sein Werklein in der Absicht, es an verschiedenen Höfen vorzutragen, läßt sich da nicht denken, daß er von allem Anfang an jene Namen als variable Größen einsetzte? Feststehen mußte einzig der Reim V. 191 f.: *-berc / werc;* er bot in der Welt der Berg- und Burgnamen reiche Möglichkeiten. Daß die Wendung als solche aus Wolframs ‚Parzival‘ stammt, hat

---

[13] Schon Zingerle hat Germ. 6 (1861), S. 44 darauf aufmerksam gemacht, daß die A-Hs. in der Gudrun-Abschrift den tirolischen Ortsnamen Campatille eingeschmuggelt hat (235, 2). Doch kommen auch andere Deutungen des Namens in Frage.

[14] Daß der ‚Helmbrecht‘ zum Vortrag bestimmt war, geht aus V. 74 hervor: *ez ist wâr daz ich iu lise.*

Pfannmüller festgestellt:[15] *sô grôziu fiwer sît noch ê / sach nieman hie ze Wildenberc: / jenz wâren kostenlîchiu werc* (230, 12 ff.). Darnach die A-Hs.: *noch sô kostelîchiu werc / zwischen Hôhensteine und Haldenberc*. Dieser Zusammenhang verstärkt meine Mutmaßung, daß wir die vielbemühten Ortsnamen der Helmbrecht-Überlieferung als Topoi der Realitätfiktion zu verstehen haben. Sie sagen infolgedessen über den Ort der Handlung nichts aus, wohl aber über die Zuhörerschaft und die Überlieferung. Stammt die B-Hs. aus dem Traungau, so weist der *A-Zweig auf das Innviertel: dort war die Helmbrecht-Erzählung bekannt, und wenn an Keinzens ,historischem' Helmbrechthof etwas zu Recht besteht, so dies, daß Wernhers Erzählung hier eine lokale Tradition geschaffen haben könnte.

3.

In der Bestimmung der Abfassungszeit des ,Helmbrecht' bewegt sich die Forschung im weiten Spielraum von ungefähr vier Jahrzehnten. Terminus a quo ist der Tod Neidharts (siehe V. 217), der um 1240 herum anzusetzen ist (das letzte sicher datierbare Lied fällt ins Jahr 1237); der ,böhmische Gruß' (V. 728), vor der böhmischen Herrschaft in Österreich (1246) schwer zu denken, rückt die Grenze noch etwas weiter nach vorn. Als terminus ante quem steht 1282/83 weniger fest, als man bis anhin angenommen hat. Im XIV. Gedicht des sog. Seifried Helbling, das sich auf die Zeit vom Dezember 1282 bis Juli 1283 datieren läßt, vermag ich keine sichere Helmbrecht-Anspielung zu erkennen: wie sollte der böhmische Gruß V. 23 nicht unabhängig von Wernher Aufnahme in ein Gedicht haben finden können, das an die Böhmenherrschaft in Österreich erinnert? Sicherer ist die Beziehung im XV. Stück der Sammlung: dieses aber rückt die

---

[15] PBB 43 (1918), S. 255.

Grenze in die neunziger Jahre,[16] und so spät wird man den ‚Helmbrecht' ohnehin nicht ansetzen dürfen.

Ch. E. Gough verlegt das Gedicht ins 7. Jahrzehnt des Jahrhunderts, indem er des jungen Helmbrechts Bemerkung *dû bræhtest liute wol ein her / mit dîner predige über mer* (V. 565 f.) auf die Kreuzzugpropaganda des Unternehmens v. J. 1270 beziehen möchte. Ich denke jedoch, daß man im Zeitalter der Kreuzzüge auf diese Wendung kommen konnte, ohne daß ein bestimmter Zug sie unmittelbar veranlassen mußte; ja sie könnte sehr wohl eine verbreitete Redensart der Zeit gewesen sein. – Fr. Neumann geht unter Berücksichtigung der Zeitlage bis ‚gegen, ja um das Jahr 1280'.[17] Das verrät ein gutes Gespür, wenn auch stringente Gründe fehlen. Richtig scheint mir die Tendenz, die Abfassungszeit nach vorn zu rücken. Keinesfalls sollte man über die Jahrhundertmitte zurückgehen; die generelle Erwähnung des Kaisers (V. 411) als Argument dafür[18] hat Panzer mit Recht zurückgewiesen.[19]

4.

Über die Person des Dichters, der sich am Schluß der Hs. A *Wernher der Gartenære* nennt, läßt sich manches vermuten, weniges wahrscheinlich machen. Ihn mit dem Spruchdichter Bruder Wernher gleichzusetzen,[20] geht aus sprachlich-stilistischen Gründen sowie im Hinblick auf die doch sehr verschiedenen Temperamente, die uns aus dem ‚Helmbrecht' einerseits, den Sprüchen Bruder Wernhers andererseits entgegentreten, nicht

---

[16] Terminus a quo für dieses Gedicht ist 1291, der Tod König Rudolfs (siehe J. Seemüller, Seifried Helbling, Halle 1886, S. XX).
[17] Wirk. Wort 2 (1951/52), S. 205 f.
[18] Haupt, ZfdA 4 (1844), S. 321.
[19] S. XV f. der Ausgabe.
[20] C. Schröder, Germ. 10 (1865), S. 460 ff.; über Bruder Wernher orientiert Verf. Lex. IV, Sp. 899 ff.

an.²¹ Unbeweisbar mußten auch die weiteren Versuche bleiben, unsern Dichter mit Trägern seines Namens in Beziehung zu bringen: zum Ritter Wernher von Burghausen, Vater oder Sohn,²² zum Geschlecht der ‚Gärtner' in Krems (Niederösterreich).²³ Noch bedenklicher war der Versuch Keinzens,²⁴ den Helmbrecht-Dichter zum ‚Pater Gärtner' des Klosters Ranshofen im Innviertel zu machen: dazu verleitete der angebliche Nachweis des Helmbrechthofes und einer lokalen Helmbrechttradition.

Für den geistlichen Stand des Dichters entschieden sich nach Keinz auch R. M. Meyer²⁵ und Ch. E. Gough.²⁶ Letzter glaubte Wernher als F r a n z i s k a n e r erweisen zu können, womit zwar die Schwierigkeit der Verse 848 f. *(swie vil ich var enwadele...)*, die den Dichter als ‚Fahrenden' bezeugen, behoben ist, nicht aber diejenige von V. 208 ff.: Worte, die im Munde eines jeden Geistlichen immer ungereimt bleiben müssen. Weiter sollte nicht übersehen werden, daß dem Helmbrecht-Ethos (ohne antikirchlich zu sein) die kirchliche Färbung fehlt; es handelt sich vielmehr um eine stark juristisch orientierte Laienmoral. Ein arger Mißgriff Goughs war es, V. 549 ff. *(din geniuzet wolf und ar...)* als franziskanische Liebe zur Kreatur zu deuten. Abgesehen vom rechtlichen Sinn dieser Stelle,²⁷ unterscheidet sich der Tenor der Verse unüberhörbar vom Sonnengesang des Franziskus wie von allem, was die Franziskus-Viten über des Heiligen fromme Hinneigung zur Kreatur zu erzählen wissen.²⁸ Entscheidend aber ist

---

[21] Darüber ausführlich Panzer, Einleitung, S. X f.
[22] K. Stechele, Das Bayerland 35, S. 348.
[23] Schiffmann, PBB 42 (1917), S. 13 f.
[24] Textausgabe, 1. Aufl. S. 14 f.
[25] ZfdPh 40 (1908), S. 424.
[26] Proceedings 1 (1925), S. 55 f. und Textausgabe 1947, S. XXI ff.
[27] Siehe L. Uhland, Schriften 3, S. 71 f.
[28] Celano, Vita I, n. 58–61, 77; Vita II, n. 165–171; Bonaventura, Leg. maior c. VIII, n. 6–11; Speculum perfectionis c. 118 u. 119; Fioretti c. 16, 21, 22.

der Blick auf die Zeitlage. Ein ‚missionierender Franziskaner' der Frühzeit – ein Zeitgenosse Davids von Augsburg, Bertholds und Lamprechts von Regensburg – mit literarischer Bildung und Ambition, wie sie unserm Wernher nachgewiesen wurden, ist undenkbar. Der Typus des Franziskaners vom Geiste der Schillerschen Kapuzinerpredigt (an die sich Gough bei V. 660 ff. erinnert fühlt) gehört späteren Zeiten an.

Man hätte nie von der sich so ungezwungen anbietenden Auffassung abrücken sollen, Wernher sei ein F a h r e n d e r. Er verfügt über die ganze ‚spielmännische' Topik der Wahrheitsbeteuerung, der Fiktionen, der Anrede, der Hörer-Vertraulichkeit überhaupt.[29] Er neigt, wie Gutenbrunner beobachtet hat,[30] zur Vierzeilergliederung. Er läßt keine gelehrte Bildung erkennen. Er ist durch seine Verwurzelung in der Didaktik (Kinderzuchtlehre!) mit der Welt der Berufsdichter verbunden, und als Berufsdichter führt er sich in den einleitenden Versen auch ein. Ebenso paßt der Name, sofern wir *gartenære*, was das Nächstliegende bleibt, als individuellen Beinamen verstehen, immer noch am besten zur Gilde der von Hof zu Hof ziehenden *tihtære*. Dazu kommen die unmittelbaren Zeugnisse für sein Leben als Fahrender: V. 839 ff., 848 ff.

Daß dieser Dichter eine adelige Hörerschaft hatte, kann ebensowenig in Zweifel gezogen werden: Fischer hat dies in seiner so anregenden und fruchtbaren Studie mit neuen Hinweisen unterstrichen.[31] Und gab es überhaupt im 13. Jahrhundert ein anderes Publikum?[32] Mit Panzer sprechen wir so ‚mit Zuversicht... unseren Wernher als einen Fahrenden an, der an den

---

[29] Beispiele bei Helsig, Metrik und Stilistik im ‚Meier Helmbrecht', Leipziger Diss. 1892, S. 94 ff.
[30] ZfdA 85 (1954), S. 66.
[31] PBB (Tüb.) 79 (1957), S. 97 f.
[32] Forschungsgeschichtlich völlig anachronistisch ist der Gedanke an eine bäuerliche Zuhörerschaft bei Gough (Proceedings 7, S. 112; Der Schlern 28 [1954], S. 28, Anm. 4).

Höfen des Adels seine Kunst übte'.³³ Ob er bäuerlicher oder bürgerlicher Herkunft gewesen ist, muß dahingestellt bleiben; der ritterliche Ursprung scheint sich mir durch seine Fahrenden-Mentalität im allgemeinen, durch V. 864 im besonderen auszuschließen.

Daß die Frage nach der H e i m a t des Dichters von der Ortsnamenfrage unabhängig ist, habe ich oben dargelegt. Wer *gartenære* von ‚Garten' (Garda) ableitet, macht Wernher zum Südtiroler. Nach von der Hagen³⁴ hat Gough, unterstützt von E. Lachmann, diese Ansicht vertreten,³⁵ u. a. in der Auslegung von Lemberslints drittem Sack (V. 1343 ff.): er soll die Vertrautheit des Dichters mit dem venezianischen Handel über den Brenner bezeugen. Solche Hinweise, auch wenn sie im einzelnen stichhaltiger wären,³⁶ genügen nie, diese These auch nur diskussionsfähig zu machen.

Bayer oder Österreicher ist die Frage. Nach Österreich weist *scherge* in der Bedeutung ‚Gerichtsvollzieher, Henker', während die Ämter gerade des bayerischen Innviertels als *schergampt*

---

³³ Einleitung, S. XIV.
³⁴ Gesamtabenteuer III, S. LXXIV.
³⁵ Gough: Textausgabe 1947, S. XXIV f.; Proceedings 7 (1953), S. 107 bis 112; Lachmann: Der Schlern 25 (1951), S. 146–151 und ebd. 28 (1954), S. 29.
³⁶ *scharlât* (V. 1347) für *scharlach* (nur in A!) braucht nicht von ital. scarlatto abgeleitet zu werden, sondern erklärt sich ebensogut aus mlat. scarlatum, ist zudem außerhalb Südtirols ohne Schwierigkeiten nachzuweisen, u. a. beim Hochalemannen Ulrich von Zazikhofen und im rheinpfälzischen ‚Moriz von Craûn'. *fritschâl* und *brûnât* (V. 1345) sind bei höfischen Dichtern gut vertreten: Wernher dürfte sie von Gottfried her kennen (Beziehungen zu diesem Dichter sind kürzlich von Tschirch nachgewiesen worden). Wie kann *tobel* (V. 1350), das nicht nur überall in den Ostalpen, sondern auch in den Zentralalpen üblich ist, als Argument für die begrenzte Landschaft Südtirols zeugen? Weiter: Die Kenntnis des ‚Laurin' ist möglich; müssen aber dessen Leser und Kenner, also unser Wernher, gleich Tiroler sein? Endlich ist die Neigung zur Apokope weit davon entfernt, nur für das Tirolerische charakteristisch zu sein.

bezeichnet werden, was *scherge*=‚Unterrichter' als geläufige Bezeichnung ergibt.³⁷ Österreichisches Landrecht setzt die Strenge der bäuerlichen Lebenshaltung voraus (Wild und Fisch als Herrenspeise V. 462 f., 783, 1606). Österreichisch ist die Mehlspeise *gîselitze* (V. 473), und bekannt dürfte der ‚böhmische Gruß' doch nur in Österreich gewesen sein. Demgegenüber wurde vor allem von Panzer³⁸ betont, daß die V. 445 ff. *datz (dâ ze) Ôsterrîche clamirre / ... der tumbe und der wîse / hânt ez dâ für herren spîse* nur verständlich sind, wenn die Handlung n i c h t in Österreich spielt. Ich bin jedoch mit Pfeiffer³⁹ der Ansicht, daß *dâ* nicht nur ‚dort' bezeichnen kann, sondern auch ‚hier', wie Iwein 2615 *(herre dâ ze lande)* nahelegt. Jedenfalls drängt auch der Zusammenhang diese Bedeutung auf: es wäre doch schwer verständlich, wenn der alte Helmbrecht, der seinem Sohn empfiehlt, nach heimischer Art *clamirre* zu essen statt Huhn, diese Kost als Herrenessen des Nachbarlandes charakterisieren sollte.

Endlich weist die literarische Ausstrahlung des Werkes nach Österreich: die Dichtungen, in denen sich Beziehungen zum ‚Helmbrecht' nachweisen lassen – Pleiers ‚Meleranz', Seifried Helbling, Ottokars österreichische Reimchronik⁴⁰ –, sind alle österreichischen Ursprungs.

5.

Die Helmbrecht-Erzählung ist als ‚Dorfgeschichte' in die Literaturgeschichte eingetreten, und zwar in einer Zeit, die gerade daran war, das Bauerntum wieder literaturfähig zu machen, es in seinen eigentümlichen Lebensformen und -kräften darzustellen (Immermann, Gotthelf, Auerbach, Rosegger). Das verrät uns

---

³⁷ Schiffmann, PBB 42 (1917), S. 5 f.
³⁸ Einleitung, S. IX, Anm. 1.
³⁹ Wiener S. B. 41 (1863), S. 295 ff.
⁴⁰ Siehe im einzelnen Panzer, Einleitung, S. XVI f. und Gough, Textausgabe 1947, S. XIV.

das zeitgeschichtlich Bedingte dieses Aspekts. Inzwischen hat die Forschung sich bemüht, die in seltsamer Einsamkeit stehende Dichtung in ihren Bindungen zur künstlerischen Tradition zu sehen und aus diesen Bindungen heraus zu deuten. Es ergaben sich zunächst Beziehungen zu Neidhart, dann zu Wolfram, zum Stricker und endlich zu Gottfrieds ‚Tristan'. Diese ‚maßgebenden literarischen Leitbilder'[41] sind jedoch nicht in den gleichen Schichten des künstlerischen Gestaltens wirksam und auch nicht von gleicher Strahlkraft. Neidharts und des Strickers Dichtung haben die Bedeutung von Modellen, sind strukturbildend; das Vorbild Wolframs und Gottfrieds fällt in den Bereich des Stils.

Neidhart, vom Erzähler V. 217 rühmend genannt, gab in den Hildemâr-Strophen (85, 38 ff.) die Grundzüge des Kleidernarren Helmbrecht und der Haubenschilderung,[42] die Wernher dann nach höfischen Vorbildern (Parade-Schilderungen nach dem Paradigma von Enitens Pferd[43]) phantastisch anreicherte. Die Haube ihrerseits wird Leitbild des Geschehens: ihre Geschichte (*daz mære von der houben* V. 1894) spiegelt diejenige Jung-Helmbrechts.[44] Die Erhöhung des Einzelbildes zum Sinnbild aber ist Eigentum Wernhers, eine Leistung ohnegleichen. Neidharts *dörper*-Lyrik mochte weiter Einzelmotive wie das *vlæmen* (V. 717 ff., vgl. Neidhart 82, 2) vermittelt haben. Entscheidend ist jedoch: Neidharts Dichtung als Ganzes ist Modell, wie auch Antimodell. Ich erkläre mich. Neidhart hat das höfisch-minnesingerische Reis auf den Dorfanger und in die Bauernstube verpflanzt, Wernher folgte ihm, indem er das Grundschema des höfischen Romans in die bäuerliche Erlebniswelt übertrug. Während jedoch der Milieuwechsel in Neidharts Kunst die

---

[41] Tschirch, PBB (Tüb.) 80 (1958), S. 293.
[42] Die zum Sommerlied 27, 15 ff. angeführten Parallelen (Panzer, PBB 27 [1902], S. 110 f.) kann ich nur als vage Anklänge gelten lassen.
[43] Man vergleiche vor allem die *napf*-Schilderung in Konrad Flecks ‚Flore und Blanscheflur', V. 1587 ff.
[44] Siehe Ittenbach, DVjS 10 (1932), S. 404 ff.

Minne ihrer ethischen Schwungkraft beraubte und zu parodistischen Zügen führte, wußte Wernher seine bäuerliche Wirklichkeit in einem starken Ethos zu verankern. Ich sehe also im Artusepos jenes Handlungsmodell, das Fischer im Gleichnis vom Verlorenen Sohn zu finden glaubte.[45] Ausstattung und Auszug zur Hoffahrt, die erfolgreiche, freilich nur summarisch dargestellte ‚aventiure' (*ze wunsche im daz êrste jâr / sîne segelwinde duzzen / und sîniu schef ze heile fluzzen* 684 ff.), die ‚Feier' der ersten Rückkehr (Empfang und Bewirtung), der zweite Auszug, der nun aber nicht zu höherer Bewährung, sondern zum Unheil führt, das Gegenbild der Schlußeinkehr mit der Verlängerung zum Tode am Galgen hin (die Umkehrung eines *süezes lanclîbes*): das alles ist eine überlegte Kontrafaktur zur Anlage wie zum Thema des höfischen Epos,[46] und Neidhart war es, der den Möglichkeiten einer solchen spiegel- und gegenbildlichen Behandlung der ‚maßgebenden' Adelskunst den Weg bahnte. Dabei mochte der durchschlagende Erfolg der dörperlichen Poesie ein nicht geringes Stimulans gewesen sein. Auch konnte sich der Dichter der Begierde des Publikums nach Neuem[47] nicht entziehen, am wenigsten der Berufsdichter.

Gestalten der bäuerlichen Welt vermittelten dem Helmbrecht-Dichter auch zahlreiche Mären des Strickers.[48] Sie sind als Figuren einer *bîspel*-Handlung von stark typenhafter Prägung.

---

[45] PBB (Tüb.) 79 (1957), S. 91 ff.; ihm folgt Kolb, ZfdPh 81 (1962), S. 10 ff.; Fischer erkannte aber auch das höfische Strukturschema (S. 91 u. 99, Anm. 1), ohne es jedoch, von der biblischen Parabel fasziniert, weiter ernst zu nehmen.

[46] Das Auszugsgespräch zwischen Helmbrecht Vater und Sohn ist nach Thema und Komposition, aber auch in Einzelmotiven und wörtlichen Anlehnungen dem Abt-Gregorius-Dialog in Hartmanns Legende (V. 1385-1808) nachgebildet. Siehe Ruh, PBB (Tüb.) 85 (1963), S. 102-106.

[47] Der Stricker bezeugt sie ausdrücklich: Frauenehre V. 26 ff. (ZfdA 7 [1849], S. 479).

[48] Siehe C. Baier, Der Bauer in der Dichtung des Strickers, Diss. Tübingen 1938 und Fischer a. a. O. S. 98 f.

Die Exempel-Geschichte mit dem ihr eigenen Zug zur Dialogisierung aber ist es, die Wernher in das Schema und die Thematik seiner höfischen Kontrafaktur einfügte und die durch ihre Didaxe eine ethische Grundlegung der Dichtung ermöglichte. Aber auch im Bereich dieser literarischen Bindung beweist Wernher eine erstaunliche Kraft der Weiterbildung und Vertiefung. Das Epimythion mit seiner Warnung vor *Helmbrechtes site* (V. 1916), vor Hochmut, das ebenso schlicht wie präzis als ‚Moral' faßt, was die ‚Fabel' erzählt, formuliert den Exempel-Gehalt.[49] Dieser ist jedoch in den Reden des alten Helmbrecht wie im Sinngefüge des *mære* schlechthin von einer Ordo-Lehre überhöht, die Familie, Stand und Recht in sich schließt[50] und die die Dichtung ihrem geistig-sittlichen Anspruch nach wieder in den Kreis der höfischen ‚Klassik' zurückführt.

Woher hatte Wernher sein Exempel für bestrafte superbia? Daß es unmittelbar aus dem Leben gegriffen ist, machen schon die immer deutlicher zutage tretenden literarischen Bindungen des ‚Helmbrecht' unwahrscheinlich; anderseits bereitet das Verständnis des Eingangs – *hie wil ich sagen waz mir geschach, / daz ich mit mînen ougen sach* – als Topos nicht die geringste Schwierigkeit, zumal wenn wir diese Wahrheitsbeteuerung mit denjenigen der Haubenschilderung zusammenhalten, wo die Fiktion auf der Hand liegt. Suchen wir das superbia-Exempel im literarischen Raum, so bietet sich das P r e d i g t m ä r c h e n als nächstliegende Quelle an. Es ist durchaus wahrscheinlich, daß die Helmbrecht-Erzählung aus diesem Motivschatz stammt, der viel reicher ist, als die Überlieferung vermuten läßt: die Exempel fielen in den Predigtentwürfen und zumeist auch in den -nachschriften aus oder wurden nur angeführt, nicht erzählt.[51] Die

---

[49] Über den ‚Helmbrecht' als exemplum siehe Jackson, S. 46 f. und Boesch, S. 36–47.
[50] Darüber am eindrucksvollsten Fischer a. a. O. S. 102 f.
[51] In einer lateinisch-deutschen Franziskus-Predigt um 1300 (ungedruckt) finde ich neben andern Anweisungen für den Prediger die Bemerkung: *Narra hystoriam unde legitur de ipso* (Graz, Univ.-Bibl. Cod. 705, 221ra).

Predigtweise aber, die Wernher in seiner Zeit und in seinem Lebensraume, dem Südosten, kennenlernen konnte, ist vor allem die franziskanische, und eben sie hat eine besondere Vorliebe für das Predigtmärchen entwickelt. Es trifft sich nun, daß Berthold von Regensburg in einer lateinisch überlieferten Predigt von Bauernsöhnen spricht, die Herrendienst annehmen und um harten Lohn ihre Haut zu Markte tragen. Von diesem Typus heißt es: ‚Si iret ad aratrum, ut pater suus, esset in pace'.[52] Man hat die Stelle als Reflex des ‚Helmbrecht' verstehen wollen; das ist höchst unwahrscheinlich, da Berthold sonst nirgends auf die zeitgenössische Literatur anspielt. Vielmehr darf sie als Abbreviatur eines Predigtexempels verstanden werden, und die Möglichkeit scheint gegeben, dieses als Kern der Helmbrecht-Geschichte zu betrachten. Chronologisch steht dem nichts entgegen: Berthold begann seine Wanderpredigttätigkeit bekanntlich bereits in den 40er Jahren. Das ist eine These – und sie bleibt es, solange das Helmbrecht-Exempel unaufgefunden bleibt –, aber eine These, die sich völlig ungezwungen in die geistesgeschichtlichen Gegebenheiten der Zeit einordnet. Daß der Versuch, die *bîspel* des Stricker, deren Einfluß auf den ‚Helmbrecht' uns zu diesen Erwägungen veranlaßt hat, auf ihre geistigen und motivischen Quellen zurückzuführen, immer wieder zur franziskanischen Predigt hinführt,[53] kann die Richtigkeit unseres Ansatzes bestätigen.

Die Tradition, die mit den Namen Neidhart und Stricker umschrieben ist, läßt uns das Gefüge der Helmbrecht-Erzählung verstehen. Die weiteren literarischen Bindungen betreffen die künstlerische Technik, den Stil. Die Anregungen W o l f r a m s hat Pfannmüller am umfassendsten verzeichnet,[54] und kürzlich vermochte Tschirch die hohe Schule Meister G o t t f r i e d s im

---

[52] A. E. Schönbach, Studien zur Geschichte der altdeutschen Predigt VII, Wiener S. B. 154 (1906), S. 93.
[53] Siehe Ute Schwab, Die bisher unveröffentlichten geistlichen Bispelreden des Strickers, Göttingen 1959, S. 242 und Anm. S. 243 ff.
[54] PBB 43 (1917), S. 252–257.

‚Helmbrecht' nachzuweisen.[55] Man kann diese Formelemente verschieden beurteilen; daß sie wirksam sind, dürfte keinem Zweifel unterliegen.

Wir stehen somit vor der Tatsache, daß Wernhers Kunst ihre Wurzeln in verschiedenen und verschiedenartigen Traditionen hat. Dieser **Eklektizismus** ist zeitbedingt,[56] darf uns aber nicht zum Gedanken an Epigonentum verleiten. Das Heraustreten aus den engen Bindungen der Gattung bot gerade dem künstlerischen Formwillen neue Möglichkeiten, zwang zu neuen Bindungen und Kristallisationen. Die Meisterschaft Wernhers ist in diesem Formprozeß zu suchen. Die Aktualisierung des höfischen Paradigmas in der Nachfolge Neidharts durch das Mittel der Kontrafaktur, dessen fast lückenlose Verzahnung mit der *bîspel*-Erzählung aus der Welt des Stricker, die Ausweitung der Exempelmoral zur Ordo-Lehre, die Verschmelzung von Formelementen so gegensätzlicher Künstler wie Wolfram und Gottfried: dieser Vorgang des Lösens und Bindens ist Signum des Kunstwerks ‚Helmbrecht'. Von da her verstehen wir aber auch das Scheitern aller Versuche, unsere Erzählung als Gattung, z. B. als Novelle, zu bestimmen.[57] Sie ist eine Dichtung sui generis, darin aber wie auch in ihrem schöpferischen Eklektizismus Dantes ‚Göttlicher Komödie' verwandt. Was Wernher im kleinen, im Traditionsbereich seiner Heimat und aus den Möglichkeiten seiner Laienbildung heraus, leistete, ist wenige Jahrzehnte später dem Florentiner im großen gelungen, indem er die abendländischen, nun heterogen wirkenden (künstlerischen und gelehrten) Traditionen zu einer neuen, im stärksten Person- und Zeitbewußtsein begründeten Einheit band. Diese Parallele mag kühn erscheinen, ich möchte sie aber durchaus nicht als unverbindlichen Schlußtopos verstanden wissen, sondern als eine Zusammenschau, die unsere Sehweise zu schärfen in der Lage ist.

---

[55] PBB (Tüb.) 80 (1958), S. 292–314.
[56] Siehe Fischer a. a. O. S. 85.
[57] Siehe Neumann, Wirk. Wort 2 (1951/52), S. 203.

Der Blick auf Dante macht uns im umfassenden Raum der abendländischen Tradition deutlich, was ein durch die Zeitlage aufgenötigter Eklektizismus, sofern er auf den Genius trifft, vermag, und läßt uns so Wernhers ‚Helmbrecht' als d i e Möglichkeit und das Gelingen der nachhöfischen Zeit mittelhochdeutscher Dichtung verstehen.

Bibliographie[1]

I. Editionen

Bergmann J., Von dem Mayr Helmprechte, Anzeige-Blatt f. Wissenschaft u. Kunst d. Jahrbücher d. Literatur Bd. 85, S. 1–27 u. Bd. 86, S. 1–39, Wien 1839 [dipl. Abdruck von A[2]].
Haupt M., Helmbrecht, ZfdA 4 (1844), S. 318–385 [krit. Ausgabe].
von der Hagen F.H., ‚Gesamtabenteuer' Nr. LXVI, Bd. III, S. 281–335, Stuttgart u. Tübingen 1850 [nach B]; photomech. Nachdruck: Darmstadt 1961.
Goedeke K., in ‚Deutsche Dichtung im Mittelalter', Hannover 1854, S. 826–840 [Abdruck nach Haupt].
Keinz F., Helmbrecht und seine Heimat, München 1865, Leipzig ²1887, ³1924 [beruht auf Haupt].
Lambel H., in ‚Erzählungen und Schwänke' (Deutsche Classiker des Mittelalters, begründet von F. Pfeiffer, Bd. XII), Leipzig 1872 (S. 123 bis 190), ²1883 (S. 133–202).
Piper P., in ‚Höfische Epik' 2. Teil (Kürschners Deutsche Nat. Lit. IV. 1. 2), Stuttgart [1889], S. 398–452 [beruht auf Haupt].
Gough Ch. E., Texts A and B of the Mhg. Poem ‚Meier Helmbrecht', Proceedings of the Leeds Philosophical and Literary Society, Literary and Historical Section 2 (1928 ff.), S. 341–360, 439–459, 3 (1932), S. 1–15 [dipl. Abdruck von A und B in synoptischer Anordnung].
Ders., Meier Helmbrecht, a Poem by Wernher der Gartenære (Blackwell's German Texts, General Editor: James Boyd), Oxford ²1947; reprinted 1957.
Schütz W., Meier Helmbrecht. Mhd. Textabdruck mit einer nhd. Übertragung von Johann Pilz. Für die Schule bearbeitet, Berlin 1959.
Lemmer M., Wernher der Gartenære: Helmbrecht, nach den beiden Handschriften hrsg. (Literarisches Erbe 4), Halle 1964.

---

[1] Weitere Angaben bei Gough, Ausgabe 1947, S. XXXIII ff. und H. Fischer, Neue Forschungen zur deutschen Dichtung des Spätmittelalters (1230–1500), DVjS 31 (1957), S. 331 f.
[2] Berichtigungen dazu gibt Panzer, PBB 27 (1902), S. 90.

Über nhd. Übertragungen und Neugestaltungen des Stoffes siehe diese Ausgabe, 5. Aufl. S. XXIV und W. Kosch, Deutsches Lit. Lex., IV. Bd., Bern ²1958, S. 3311 f.

2. Textkritik. Heimat- und Autorfrage

Ganz P. F., On the Text of ‚Meier Helmbrecht', Oxford German Studies 2 (1967), S. 25–40.

Gough Ch. E., The Authorship of the Mhg. Poem ‚Meier Helmbrecht', Proceedings of the Leeds Philosophical and Literary Society 1 (1925), S. 51–58.

Ders., Notes on the Mss. of the Mhg. Poem ‚Meier Helmbrecht', Proceedings 1 (1925), S. 130–137.

Ders., Notes on the Versification of the Mhg. Poem ‚Meier Helmbrecht', Proceedings 6 (1944), S. 125–135.

Ders., The Homeland of Wernher der Gartenære, Proceedings 7 (1953), S. 107–112; in deutscher Übersetzung: Der Schlern 28 (1954), S. 25 bis 29.

Keinz F., Zu Meier Helmbrecht, Münchener S. B. 1865, Bd. I, S. 316 bis 331.

Kraus C., Zur Kritik des Helmbrecht, ZfdA 47 (1904), S. 305–318.

Lambel H., Rez. zu Panzers Ausgabe 1902, AfdA 29 (1904), S. 214 bis 227.

Panzer F., Zum Meier Helmbrecht, PBB 27 (1902), S. 88–112 und PBB 49 (1925), S. 142–151.

Pfeiffer F., Über Meier Helmbrecht (Forschung und Kritik auf dem Gebiete des deutschen Altertums I), Wiener S. B. 41 (1863), S. 288 bis 312.

Ruh K., Der ursprüngliche Versbestand von Wernhers ‚Helmbrecht', ZfdPh 86 (1967), Sonderheft ‚Spätes Mittelalter. Wolfgang Stammler zum Gedenken', S. 3–14.

Schiffmann K., Studien zum Helmbrecht, PBB 42 (1917), S. 1–17 und PBB 64 (1940), S. 43–46.

Schlickinger M., Der Helmbrechtshof und seine Umgebung (51. Bericht über das Museum Francisco-Carolinum), Linz 1893; dazu Keinz F., AfdA 20 (1894), S. 258–266.

Schröder C., Heimat und Dichter des Helmbrecht, Germania 10 (1865), S. 455–464.

3. Stoffgeschichte und Interpretation

Banta F. G., The Arch of Action in ‚Meier Helmbrecht', JEGP 63 (1964), S. 696–711.

Bastow A., Peasant Life in Thirteenth-century Germany, Proceedings 4 (1936), S. 221–244.
Berthold L., Beobachtungen zum ‚Meier Helmbrecht', GRM 34 (1953), S. 242–244.
Boesch B., Die Beispielerzählung vom Helmbrecht, Der Deutschunterricht 1965, S. 36–47.
Braune W., Helmbrechts Haube, PBB 32 (1907), S. 555–559.
Fechter W., Lateinische Dichtkunst und deutsches Mittelalter, Forschungen über Ausdrucksmittel, poetische Technik und Stil mittelhochdeutscher Dichtungen (Philologische Studien und Quellen, Heft 23), Berlin 1964, 3. Kapitel: Ausdrucksmittel der lateinischen Literatur im ‚Meier Helmbrecht', S. 62–89.
Ders., Gliederung thematischer Einheiten, beobachtet an drei mhd. Verserzählungen, PBB (Tüb.) 87 (1965), S. 396–403.
Fischer H., Gestaltungsschichten im ‚Meier Helmbrecht', PBB (Tüb.) 79 (1957), S. 85–109.
Gutenbrunner S., Zu Meier Helmbrecht, ZfdA 85 (1954), S. 64–66.
Ittenbach M., Höfische Symbolik II. Helmbrechts Haube, DVjS 10 (1932), S. 404–411.
Jackson W. T. H., The Composition of Meier Helmbrecht, Modern Language Quarterly 18 (1957), S. 44–58.
Kolb H., Der ‚Meier Helmbrecht' zwischen Epos und Drama, ZfdPh 81 (1962), S. 1–23.
Lunzer J., Zum Meier Helmbrecht, PBB 53 (1929), S. 195–207.
Martini F., Der ‚Meier Helmbrecht' des Wernher der Gartenære und das mittelalterliche Bauerntum, Zs. f. Deutschkunde 51 (1937), S. 414 bis 426; wiederholt in ‚Das Bauerntum im deutschen Schrifttum von den Anfängen bis zum 16. Jh.', Kap. VI, S. 93–102 (Buchreihe der DVjS, Bd. 27), Halle 1944.
Meyer R. M., Helmbrecht und seine Haube, ZfdPh 40 (1908), S. 421 bis 430.
Neumann F., ‚Meier Helmbrecht', Wirk. Wort 2 (1951/52), S. 196–206.
Nordmeyer G., Structure and Design in Wernher's Meier Helmbrecht, PMLA 67 (1952), S. 259–287.
Panzer F., Zum Meier Helmbrecht, PBB 33 (1908), S. 391–398.
Pfannmüller L., Meier Helmbrecht-Studien, PBB 43 (1918), S. 252 bis 257, 549–551.
Ruh K., Helmbrecht und Gregorius, PBB (Tüb.) 85 (1963), S. 102–106.
Scholler H., Das Proömium (V. 1–8) des Helmbrecht: Inhalt, Form, Entstehung, PBB (Tüb.) 88 (1967), S. 311–333.
Seidler H., Der ‚Meier Helmbrecht' als deutsches Sprachkunstwerk, ZfdPh 69 (1944/45), S. 3–35.

Tschirch F., Wernhers ‚Helmbrecht' in der Nachfolge von Gottfrieds ‚Tristan', PBB (Tüb.) 80 (1958), S. 292–314.
Wiessner E., Helmbrecht und Neidharts Strophen über Hildemar, PBB 49 (1925), S. 152–158.
Wirtz Erika A., Meier Helmbrecht's Cap, Modern Language Quarterly 49 (1954/55), S. 442–450.

4. Sprache. Stilistik

Guth J. Th., Syntaktische Bemerkungen zum ‚Meier Helmbrecht', Wiener Diss. (Masch.) 1950.
Helsig J., Metrik und Stilistik im ‚Meier Helmbrecht', Leipziger Diss., Leipzig-Reudnitz 1892.
Steininger L., Wörterbuch zum ‚Meier Helmbrecht' von Wernher dem Gartenære, Wiener Diss. (Masch.) 1947.
Wallnstorfer M., Reimwörterbuch und Reimwortverzeichnis zum ‚Meier Helmbrecht' von Wernher dem Gartenære, Wiener Diss. (Masch.) 1947.
Zwierzina K., Mittelhochdeutsche Studien, ZfdA 44 (1900), S. 19, 34, 62 f., 110 f., 271, 279, 400; ZfdA 45 (1901), S. 41 Anm. 1, 43, 67, 73, 86, 95.

Korrekturnachtrag:

Eine ausführliche, von ca. 1900 an vollständige Bibliographie bietet Hanns Fischer in seinen soeben erschienenen ‚Studien zur deutschen Märendichtung', Tübingen (Niemeyer) 1968, S. 368–373.

Von deme Helmbrechte

Einer seit waz er gesiht,
der ander seit waz im geschiht,
der dritte von minne,
der vierde von gewinne,
5 der fünfte von grôzem guote,
der sehste von hôhem muote:
hie wil ich sagen waz mir geschach,
daz ich mit mînen ougen sach.

Ich sach, deist sicherlîchen wâr,
10 eins gebûren sun, der truoc ein hâr,
daz was reide unde val;
ob der ahsel hin ze tal
mit lenge ez volleclîchen gie.
in eine hûben er ez vie,
15 diu was von bilden wæhe.
ich wæne ieman gesæhe
sô manegen vogel ûf hûben:
siteche unde tûben
die wâren al dar ûf genât.
20 nû hœrt wiez umbe die hûben stât.

Überschrift:
Das puech ist von dem Mayr Helmprechte *A*, hie hebt sich ain mår von dē helmprecht der was ain nar vnd auch ain gauglår amen *B*
[1] sagt *A*   was im geschicht *B*
[2] sagt *A*   was er gesicht *B*
[3] drit *A*, dritte sagt *B*
[4] Vierd *A*   vngewinne *B*
[5] fůnfft *A*
[6] Sechst *AB*
[7] Ich wil euch s. *B*
[9] das ist *A*
[10] eines gepaurn *A*
[9] [10] Ains gebauren sun trüg ain har Das ist sicherleichen war *B*
[11] rayd *B*
[12] Auf die achsel *B*
[13] leng *B*
[14] ein *A*, ain *B*
   gevie *B*
[16] wån *A*, wen *B*
[17] mangen *B*   Vogl *A*
[18] Sitich *B*
[19] alle *A*   genået *A*
[20] Welt jr nu hôren was da stêt *A*
   wie es vm̄ *B*

Ein meier der hiez Helmbreht:
des sun was der selbe kneht
von dem daz mære ist erhaben.
sam den vater nante man den knaben:
25 *si bêde hiezen Helmbreht.*
mit einer kurzen rede sleht
künde ich iu daz mære,
waz ûf der hûben wære
wunders erziuget
30 (daz mære iuch niht betriuget;
ich sage ez niht nâch wâne):
hinden von dem spâne
nâch der scheitel gegen dem schopfe,
reht enmitten ûf dem kopfe,
35 der lîm mit vogelen was bezogen,
als si wæren dar geflogen
ûz dem Spehtharte.
ûf gebûren swarte
kom nie bezzer houbetdach,
40 dan man ûf Helmbrehte sach.
dem selben geutôren
was gegen dem zeswen ôren
ûf die hûben genât —
welt ir nû hœren waz dâ stât?

21-26 *fehlen B*
21 Mayr *A* Helemprecht *A* (*oft*)
24 nennet *A.*
27 Ich wil euch kůndē die mår *B*
28 mer wår *B*
29 Wunders vil *B*
30 mår *B*
31 sag *A*, red *B*
32 auf dem *B*
33 34 *stellt B um*
33 gein *B*

34 reht *fehlt B* Mitten *B*
35 der Lîm(!) *A*, Das leym *B*
Voglen *A*, vogel *B*
36 recht als *A*, Als ob *B*
dar *fehlt A*
38 Auf des geb. *B*
39 kam *A* (*immer*), Kőm *B*
haubetach *A*
40 helmprechtē *B*
42 zudem *B*
43 genået (:stet) *A*   44 nû *fehlt B*

2

a daz sult ir mir gelouben:
b genât was ûf die houben

45 Wie Troye wart besezzen,
dô Pârîs der vermezzen
dem künege ûz Kriechen nam sîn wîp,
diu im was liep alsam sîn lîp,
und wie man Troye gewan
50 und Ênêas von danne entran
ûf daz mer in den kielen,
und wie die türne vielen
und manec steinmûre.
owê daz ie gebûre
55 solhe hûben solde tragen
dâ von sô vil ist ze sagen!

Welt ir nû hœren mê
waz anderhalp dar ûf stê
mit sîden erfüllet?
60 daz mære iuch niht betrüllet:
ez stuont gegen der winstern hant
wie künec Karle und Ruolant,
Turpîn und Oliviere,
die nôtgestalden viere,
65 waz die wunders mit ir kraft

---

⁴⁴ᵃ·ᵇ *fehlen* A
⁴⁵ *Init. fehlt* B troy was B
⁴⁷ kůnig(e) von *AB*
⁴⁸ was lieb als *A*, lieb was sam *B*
⁴⁹ und wie man Troy *A*,
 Do man troy da *B*
⁵⁰ dañ *B*
⁵¹ Auf dem mer *B*
⁵² wie *fehlt B*
⁵³ stainmaür (:gebaür) *B*
⁵⁴ Awe *A* (*immer*)

⁵⁵ Ain sőlche *B*
⁵⁶ so ist vil *B*
⁵⁷ *Init. fehlt B* nû *fehlt B*
⁵⁸ anderhalben *B*
 auf der hauben *A*
⁵⁹ wol gefullet *B*
⁶⁰ mâr *B* betrillet *A*
⁶¹ gein der vinster *B*
 wůnstern *A*
⁶² Wie karll vnde *B* Karl *A*
⁶³ Olefiere *A*, auch Olyfere *B*

worhten gegen der heidenschaft:
Prôvenz und Arle
betwanc der künec Karle
mit manheit und mit witzen,
70 er betwanc daz lant Galitzen;
daz wâren allez heiden ê.

Welt ir nû hœren waz hie stê
von ener nestel her an dise
(ez ist wâr daz ich iu lise)
75 zwischen den ôren hinden?
von frouwen Helchen kinden
wie die wîlen vor Raben
den lîp in sturme verloren haben,
dô si sluoc her Witege,
80 der küene und der unsitege,
und Diethern von Berne.
noch mügt ihr hœren gerne
waz der narre und der gouch
truoc ûf sîner hûben ouch.

85 Ez hêt der gotes tumbe
vor an dem lîme al umbe
von dem zeswen ôren hin
unz an daz lenke (des ich bin

---

⁶⁶ gein *B*
⁶⁷ Arel *A*, arll *B*
⁶⁸ kŭnig Karel *A*, kayser karll *B*
⁷¹ warn *A*
⁷² *Init. Von* ⁷³ *A, fehlt B*
  Hört was noch auf dˢ haubē
  ste *B*
⁷³ einer *A*, jenr *B*
⁷⁴ euch *A*, nun *B*
⁷⁵ Zwuschen *B*
⁷⁶ fraw *B*

⁷⁷ weylend *A*
⁷⁸ sturmen *A*   In stúrm ir leib
  verlorn h. *B*
⁷⁹ erslüg *B*   Weittege *A*, wittig *B*
⁸⁰ kün *B*   vnsittig *B*
⁸¹ Vnd her dietreich *B*
⁸² hŏrn *A*
⁸⁵ *Init. fehlt B*
⁸⁶ leym *AB*
⁸⁷ den *A*
⁸⁸ lenge *B*   das jch *A*

　　　　　mit wârheit wol bewæret;
　90　　　nû hœrt wie ez sich mæret),
　　　　　man möht ez gerne schouwen,
　　　　　von rittern und von frouwen,
　　　　　ouch was dâ niht überhaben,
　　　　　beidiu von meiden und von knaben
　95　　　vor an dem lîme stuont ein tanz
　　　　　genât mit sîden, diu was glanz.
　　　　　ie zwischen zwein frouwen stuont,
　　　　　als si noch bî tanze tuont,
　　　　　ein ritter an ir hende;
100　　　dort an enem ende
　　　　　ie zwischen zwein meiden gie
　　　　　ein knabe der ir hende vie.
　　　　　dâ stuonden fidelære bî.
　　　　　Nû hœret wie diu hûbe sî
105　　　*geprüefet Helmbrehte,*
　　　　　dem tumben ræzen knehte.

Noch habt ir allez niht vernomen
wie diu hûbe her sî komen:
die nâte ein nunne gemeit.
110　diu was durch ir hövescheit
ûz ir zelle entrunnen.
ez geschach der selben nunnen

[89] wol berichtet *B*
[90] hŏret *A*　sich tichtet *B*
[91] [92] *stellt B um*
[91] es *A*, sy *B*
[94] baide *A*, Baid *B*　mågten *B*, Rittern *A*
[96] genået *A*　die warn *A*, d' was *B*
[97] ie *fehlt B*　zwayen *A*
[100] ainem *A*, jenē *B*
[101] Stünd zwúschē zwain maiden ye *B*　zwayen m. gie *A*
[102] knab *A*, chnappe *B*
[104] Nū *(stets)* mercket *B*
[107] *Init. fehlt B*　alle *A*, alles *B*
[108] heer *A*, dar *B*
[109] naet *A*, nåt *B*
[110] die Nunne durch *A*　hübschait *A*, hŏbschhait *B*
[111] was enntr. *A*
[112] Dirr selben n. *B*

       als vil maneger noch geschiht:
       mîn ouge der vil dicke siht,
115   die daz nider teil verrâten hât,
       dâ von daz ober mit schanden stât.
       Helmbrehtes swester Gotelint
       der nunnen ein genæmez rint
       gap si ze kuchenspîse.
120   si was ir werkes wîse;
       si diente ez wol mit næte
       an der hûben und an der wæte.
       dô Gotelint gap dise kuo,
       nû hœret waz diu muoter tuo.
125   diu gap sô vil der zweier
       der nunnen, kæse und eier,
       die wîle si ze revende gie,
       daz si die selben tage nie
       sô manec ei zerklucte
130   noch kæse versmucte.
         Noch gap diu swester mêre
       dem bruoder durch sîn êre
       kleine wîze lînwât,
       daz lützel ieman bezzer hât.
135   diu was sô kleine gespunnen,
       ab dem tuoche entrunnen

113-116 *fehlen B*
117 *Init. A*   Gotlint *A* (*stets für*
    Gotelint)
    Gab helmprechtes swôstʼ
    gôtlint *B*
118 ain genåmes slåygerint *B*
    genames *A*
119 Zu der kuche speyse *B*
120 jrs werche *A*
121 dient *B*   nate (:wate) *A*
123 Da *A* (*stets*), *fehlt B*
    Gôtlint die gab die chü *B*

124 horet was der Vater thue *A*
125 Die *B*, der *A*
126 chås *B*
127 weil vnd sy zereuend *B*
128 zeit *A*, tag *B*
129 verchluchte *B*
132 Durch ir brüder ere *B*
133 Vil chlain weys *B*
    leỹnen wat *A*
134 ỹemand pessers *A*
135 Die *B*, das *A*   chlain *B*
136 tüch *B*

```
              wol siben webære,
              ê ez volwebet wære.
              ouch gap im diu muoter,
      140     daz nie seit sô guoter
              versniten wart mit schære
              von deheinem snîdære,
              und einen pelz dar under
              von sô getânem kunder
      145     daz ûf dem velde izzet gras:
              niht sô wîzes in dem lande was.
              dar nâch gap daz getriuwe wîp
              ir lieben sune an sînen lîp
              ketenwambîs unde swert:
      150     des was der jungelinc wol wert.
              noch gap si dem selben knaben
              zwei gewant, diu muost er haben,
              gnippen unde taschen breit:
              er ist noch ræze der si treit.
      155        Dô si gekleidet hêt den knaben,
              dô sprach er: ‚muoter, ich muoz haben
              dar über einen warkus;
              und sold ich des belîben sus,
              sô wær ich gar verswachet.
      160     der sol ouch sîn gemachet,
              alsô dîn ouge den an gesiht,
              daz dir dîn herze des vergiht,
```

¹³⁷ Waren wol *B*
¹³⁹ Dar nach gab *B*
¹⁴² dhainem *A* (dh-*stets*)
¹⁴³ einer Pellitz *A*
¹⁴⁴ getanen *B*
¹⁴⁵ veld *B*
¹⁴⁶ so wåchs *B*
¹⁴⁷ gab im *AB*
¹⁴⁸ Irem *A* sun *B*
¹⁴⁹ vnd *A*

¹⁵⁰ jůngling *A*, chnappe vil *B*
¹⁵¹ Auch gab *B*
¹⁵³ vnd *AB*
¹⁵⁴ noch *A*, nū *B*
¹⁵⁵ gechlaidt *B*
¹⁵⁷ einer *A*
¹⁵⁹ geswachet *B*
¹⁶¹ Als den dein aug an sicht *B*
¹⁶² hertze gicht *B*

   dû habest des kindes êre,
   swar ich danne kêre.'
165 si hêt noch in den valden
   ein röckelîn behalden:
   des wart si âne leider
   durch des sunes kleider.
   si kouft im tuoch, daz was blâ.
170 weder hie noch anderswâ
   truoc nie dehein meier
   einen roc der zweier eier
   wære bezzer dan der sîn:
   daz habt ûf die triuwe mîn.
175 Er kunde in tugende lêren
   und hôhen lop gemêren
   der im daz hêt gerâten:
   nâch dem ruckebrâten
   von der gürtel unz in den nac
180 ein knöpfel an dem andern lac;
   diu wâren rôt vergoldet.
   ob ir nû hœren woldet
   von dem rocke fürbaz,
   durch iuwer liebe sagte ich daz.
185 dâ daz gollier unz an daz kin
   gereichte, unz an die rinken hin
   diu knöpfel wâren silberwîz.
   ez hêt selten solhen vlîz

¹⁶³ habst *AB*
¹⁶⁴ War *AB* dann *A*, der lande *B*
¹⁶⁵ noch *fehlt B*
¹⁶⁶ röcklein *B*, tüechelein *A*
¹⁶⁷ ăne *B* (*stets*), one *A*
¹⁷⁰ Wedr *B*
¹⁷¹ kain *A* mayr *B*
¹⁷⁴ bey den trewen *A*
¹⁷⁵ kund *B*
¹⁷⁶ hoches *B*

¹⁷⁸ ruckbraten *B*, rugkespraten *A*
¹⁷⁹ gůrtl *A* (*stets*)
  nackn̄ *A*
¹⁸² jrs nu gern h. *A*
¹⁸⁴ ewr *A* (*stets*) sag *B*
¹⁸⁵ *Init. A* dâ *fehlt B* Goller *A*
¹⁸⁶ raichet *A*, Gericht *B*
¹⁸⁷ warn *A*
¹⁸⁸ sŏlchen *B* (*stets*)

an sînen warkus geleit
190 dehein gebûre der in treit,
noch sô kostelîchiu werc
zwischen Hôhensteine und Haldenberc.
seht wie iu daz gevalle:
driu knöpfel von kristalle,
195 weder ze kleine noch ze grôz,
den buosem er dâ mite beslôz,
er gouch und er tumbe.
sîn buosem was al umbe
bestreut mit knöpfelînen,
200 diu sach man verre schînen,
gel, blâ, grüene, brûn und rôt,
swarz und wîz, als er gebôt.
diu lûhten sô mit glanze,
swenne er gie bî dem tanze,
205 sô wart er von in beiden,
von wîben und von meiden,
vil minneclîche an gesehen.
ich wil des mit wârheit jehen,
daz ich bî dem selben knaben
210 den wîben hêt unhôhe erhaben.
dâ der ermel an daz muoder gât
al umbe und umbe was diu nât
behangen wol mit schellen:

[189] Ain seinen *B*
[190] gepaur *AB*
[191] kostliche *A*, kostleich *B*
[192] Zwúschen wels vnd dē traunbᵉg *B*
[193] euch *AB* (*meist*)
[194] knophl *A*
[195] klain *A*, chlain *B*
[196] damit *AB*   verslos *B*
[201] Gel braun grůn blaw rot *B* grůen *A*
[202] und *fehlt A* wie er *B*
[203] leůchte so *A*, lauchtē wol *B*
[204] Weñ *B*, wann *A*   an den t. *B*
[205] in *fehlt A*
[207] mynneklich *A*, miñecleich *B*
[208] das fur war j. *B*
[210] vnhoch *AB*
[211] Erml *A*
[212] allumb vnd vmb *A*, Vnd vmb vñ vmb *B*

    die hôrt man lûte hellen,
215 swenne er an dem reien spranc,
    den wîben ez durch diu ôren klanc.
    her Nîthart, und solde er leben,
    dem hêt got den sin gegeben,
    der kunde ez iu gesingen baz
220 danne ich gesagen. nû wizzet daz:
    si verkoufte manec huon und ei,
    ê si im gewunne diu zwei,
    hosen und spargolzen.
     Als si dô dem stolzen
225 sîniu bein hêt gekleit,
    ,mîn wille mich hinz hove treit',
    sprach er. ,lieber vater mîn,
    nu bedarf ich wol der stiure dîn:
    mir hât mîn muoter gegeben
230 und ouch mîn swester, sol ich leben,
    daz ich in alle mîne tage
    immer holdez herze trage.'
     Dem vater was daz ungemach.
    zuo dem sune er dô sprach:
235 ,ich gibe dir zuo der wæte
    einen hengest, der ist dræte
    und der wol springe ziune und graben,
    den soltu dâ ze hove haben,

[214] laut erhellen *B*
[215] Weñ *B*, Wann *A* den *B*
[216] die *A*, ir *B*
[217] vnd solt der *A*, solt er noch *B*
[219] Das er euch kund g. b. *B*
[220] dann *AB* nû *fehlt B*
[221] *Init. A* verchauftē *B*
[222] E sy gewunnē dise zway *B*
[224] Da mit sy dem *B*
[225] heten *B*
[226] hintz *B*, hin ze *A*

[227] vil lieber *B*
[228] bedŏrft *B* der trewe deī *B*
[229-232] *fehlen B*
[229] geben *A*
[234] er in spotte sprach *B*
[235] gib *AB* der farte *A*
[236] hengst *AB* der lauffet *B*
  drate *AB*
[237] und *fehlt B* springet *B*
  zeůn *A*, zåun *B*
[238] solt du *A* dâ *fehlt B*

und der lange wege wol loufe.
240 wie gerne ich dir den koufe,
ob ich in veile vinde!
lieber sun, nu erwinde
hinz hove dîner verte.
diu hovewîse ist herte
245 den die ir von kindes lit
habent niht gevolget mit.
lieber sun, nû men dû mir
oder hab den phluoc, sô men ich dir,
und bûwe wir die huobe;
250 sô kumst du in dîne gruobe
mit guoten êren alsam ich:
zwâre des versihe ich mich.
ich bin getriuwe, gewære,
niht ein verrâtære;
255 darzuo gibe ich alliu jâr
ze rehte mînen zehenden gar:
ich hân gelebet mîne zît
âne haz und âne nît.'

Er sprach: ,lieber vater mîn,
260 swîc und lâ die rede sîn!
dâ mac niht anders an geschehen,

[239] wol *fehlt B*
[240] wie *fehlt A*   gern *AB*
[241] vail *B*
[242] nu *fehlt B*
[243] hin ze *A*
[244] hofweyse *A*, hof weys *B*
[245] [246] *fehlen B*
[246] haben *A*
[247] Vil lieber *B*   mēne *B*
   dû *fehlt B*
[248] mēn *B*
[249] bawe mir *B*, pawen wir *A*
[250] kumbst *A*   dein *AB*
[251] güten *B*, grossen *A*
[252] zwar *A* (zw-*stets*) *B*
   versich *AB*
[253-258] *fehlen B*
[254] verrĕttere *A*
[255] gib *A*   alle jare *A*
[256] recht *A*   gare *A*
[257] gelebt *A*
[258] ăn *A*
[259] vil lieb' *B*
[261] nichts *A*   an *fehlt B*

　　　　wan ich wil benamen besehen,
　　　　wie ez dâ ze hove smecke.
　　　　mir sulen ouch dîne secke
265　　nimmer rîten den kragen.
　　　　ich sol ouch dir ûf dînen wagen
　　　　nimmer mist gevazzen.
　　　　sô solt mich got gehazzen,
　　　　swenne ich dir ohsen wæte
270　　und dînen habern sæte.
　　　　daz zæme niht zewâre
　　　　mînem langen valwen hâre
　　　　und mînem reidem locke
　　　　und mînem wol stânden rocke
275　　und mîner wæhen hûben
　　　　und den sîdînen tûben
　　　　die dar ûf nâten frouwen.
　　　　ich hilf dir nimmer bouwen.'

　　　　Der vater sprach: ‚belîp bî mir!
280　　ich weiz wol, ez wil geben dir
　　　　der meier Ruopreht sîn kint,
　　　　vil schâfe, swîne und zehen rint,
　　　　alter unde junger.
　　　　ze hove hâstu hunger

[262] bey (pey) namen *AB*　　sehn̄ *B*
[263] da *fehlt B*　　hof *B*
[264] sůllen *A*, súlln *B*
　　　ouch *fehlt B*
[265] gereitē meinē chragē *B*
[268] wol hassen *B*
[269] Wenn *A*, Wañ *B*
　　　dir deine ochsen *B*
　　　wĕtte *A*, mânte *B*
[270] dein *A*
　　　Oder deinē haber *B*
[272] valwē langē *B*
[273] meinē rayden löcken *B*

　　　loche *A*
[274] meinē wol stenden röcken *B*
　　　rock *A*
[275] meiner wolsteenden h. *A*
[276] die seydenen *A*
[277] nåeten *A*
　　　frawen *B*, tauben *A*
[278] hilf *A*, wil *B*　　ze pauen *A*
[279] sprach lieber Sun beleib *A*
[281] Mayr *AB*　　seine *B*
[282] Swein *AB*　　zehen *fehlt B*
[283] vnd *A*
[284] Zu *B*　　hast du *A*

285 und muost dar zuo vil harte ligen
und aller gnâden sîn verzigen.
nû volge mîner lêre,
des hâstu frum und êre;
wan selten im gelinget,
290 der wider sînen orden ringet.
dîn ordenunge ist der phluoc.
dû vindest hoveliute genuoc,
swelchez ende dû kêrest.
dîn laster dû gemêrest,
295 sun, des swer ich dir bî got;
der rehten hoveliute spot
wirdestû, vil liebez kint.
dû solt mir volgen und erwint.'

Er sprach: ‚Vater, und wirde ich geriten,
300 ich trûwe in hovelîchen siten
immer alsô wol genesen,
sam die ze hove ie sint gewesen.
swer die hûben wæhe
ûf mînem houpte sæhe,
305 der swüer wol tûsent eide
für diu werc beide,
ob ich dir ie gemente
oder phluoc in furch gedente.
swenne ich mich gekleide

²⁸⁶ gnade *B*
²⁸⁸ hast du frumb *A*
²⁸⁹ Vil selten *B*
²⁹¹ ordnung *A*, ordenūg *B*
²⁹² hofeleŭt *A*, hofleút *B*
²⁹³ welhes ennde *A*,
Welchs endest *B*
²⁹⁴ merest *B*
²⁹⁵ *Init. B*
²⁹⁶ hofleute *B*

²⁹⁷ wirdest du *A*
²⁹⁹ und *fehlt B*   wird *B*
³⁰⁰ traw *AB*   hofleichen *B*
³⁰² hof ye simt *B*
³⁰³ Wer *AB (stets)*
³⁰⁴ haubte *A*, haubet *B*
³⁰⁷ Das ich *B*
³⁰⁸ oder den phlůg in der f. *A*
³⁰⁹ Wenn *AB*
bechlaide *B*

13

310　in gewant daz si mir beide
　　　ze stiure gâben gester,
　　　mîn muoter und mîn swester,
　　　sô bin ich sicherlîche
　　　dem vil ungelîche,
315　ob ich etewenne
　　　korn ûf dem tenne
　　　mit der drischele ûz gebiez
　　　oder ob ich stecken ie gestiez.
　　　swenne ich fuoz unde bein
320　hân gezieret mit den zwein,
　　　hosen und schuohen von korrûn,
　　　ob ich ie geziunte zûn
　　　dir oder ander iemen,
　　　des meldet mich niemen.
325　gîst dû mir den meidem,
　　　meier Ruoprehte zeinem eidem
　　　bin ich immer verzigen:
　　　ich wil mich niht durch wîp verligen.'

　　　Er sprach: ,sun, eine wîle dage
330　und vernim waz ich dir sage.
　　　swer volget guoter lêre,
　　　der gewinnet frum und êre:

[311] stewr *A*
[312] vnd auch *A*
[315] ettwenne *A*, ye etwenne *B*
[317] mit tryscheln *A*
　　　drischel vns gespieß *B*
[318] stechen *A*
　　　Nach [318] dir oder anders
　　　yemand des meldet mich
　　　niemandt *A*
[319] Sweñ *B*, Wenn *A*
　　　fueß *A*, füs *B*

[320] geziert *A*
[321] H. schüch vnd karraun *B*
[323] yeman *B*, yemand
　　　(:niemant) *A* (*stets*)
[324] *fehlt B*　vermeltet *A*
[325] Geýst *B*, gibst *A*
　　　maiden (:ayden) *B*
[326] Mayr Rûprechten zu ainem *AB*
[327] nymmˢ mer v. *B*
[329] ein *A*, ain *B*
　　　dag (:sag) *B*

swelch kint sînes vater rât
ze allen zîten übergât,
335 daz stât ze jungest an der schame
und an dem schaden rehte alsame.
wilt dû dich sicherlîchen
genôzen und gelîchen
dem wol gebornen hoveman,
340 dâ muoz dir misselingen an;
er treit dir dar umbe haz.
dû solt ouch wol gelouben daz,
ez kleit dehein gebûre niht
swaz dir dâ ze leide geschiht.
345 und næme ein rehter hoveman
dem gebûren swaz er ie gewan,
der gedinget doch ze jungest baz
danne dû. nû wizze daz:
nimst dû im ein fuoter,
350 lieber sun vil guoter,
gewinnet er dîn oberhant,
sô bist dû bürge unde phant
für alle die im haben genomen.
er lât dich niht ze rede komen,
355 die pfennige alle sint gezalt;
ze gote hât er sich versalt,

[333] Swelchs *B*, Welhes *A*
[334] zu *A*
[335] stet *AB* jůngst *A*, lestē *B*
  scham (:alsam) *AB*
[336] recht *AB*
[339] hofman *B*
[340] da misselinget dir an *A*
[341] vmb *B*
[342] Auch soltu gel. *B*
[343] chlaugt *B* kain *A* gepaur *AB*
[344] was *AB* da von laids *B*
[345] nem *A*, nåm *B* hofman *B*

[346] Ainen geb. *B* gepaurn *A*
  was *A*, das *B*
[347] gedingete *A* ze iungste *A*,
  zemlestē *B*
[348] dann *AB*
  du soltu wissen d. *B*
[349] Nymbst *A*
[352] Du bist *B* půrg *A*, borge *B*
[353] im icht h. *A*
[355] [356] *fehlen B*
[355] sint alle *A* gezelt (:verselt) *A*
[356] got *A*

sleht er dich an dem roube.
lieber sun, geloube
mir diu mære und belîp
360 und nim ein êlîchez wîp.'

Er sprach: ‚Vater, swaz sô mir geschiht,
ich lâze mîner verte niht;
ich muoz benamen in die büne.
nû heiz ander dîne süne,
365 daz si sich mit dem phluoge müen.
ez müezen rinder vor mir lüen
die ich über ecke trîbe.
daz ich sô lange belîbe,
des irret mich ein gurre;
370 daz ich niht ensnurre
mit den andern über ecke
und die gebûren durch die hecke
niht enfüere bî dem hâre,
daz ist mir leit zewâre.
375 die armuot möht ich nicht verdoln;
swenne ich driu jâr einen voln
züge und als lange ein rint,
der gewin wær mir ein wint.
ich wil rouben alle tage,
380 dâ mite ich mich wol bejage
mit volleclîcher koste

³⁵⁷ Er slecht dich *B*
³⁶⁰ nim dir ain eleich *B*
³⁶¹ was *AB*   so *fehlt B*
³⁶² las *B*
³⁶³ Ich wil *B*   bey namen *AB*   pün *B*
³⁶⁴ Du hais *B*   sün *B*
³⁶⁵ den pflůgē B
³⁶⁸ lang *AB*   bleibe *B*
³⁷² gepaurn *A*, bauren *B*

³⁷³ Nicht für *B*
³⁷⁴ zware *AB*
³⁷⁵ verdolen (:Volen) *A*
³⁷⁶ Wenn *B*, wann *A*
³⁷⁷ Zůg *B*   lan(n)g *AB*
³⁷⁸ were *A*
³⁷⁹ tag *B*
³⁸⁰ damit *AB*   vil wol betrag *B*
³⁸¹ volliger reicher *B*

  und den lîp vor froste
  wol behalde in dem winder,
  ez enwelle et niemen rinder.
385 vater, balde île,
  entwâle deheiner wîle,
  gip den meidem balde mir:
  ich belîbe lenger niht bî dir.'

  Die rede wil ich kürzen.
390 einen loden von drîzec stürzen
  (alsô seit uns daz mære,
  daz der lode wære
  aller loden lengest)
  den gap er an den hengest
395 und guoter küeje viere,
  zwêne ohsen und drî stiere
  und vier mütte kornes.
  owê guotes verlornes!
  er koufte den hengst umb zehen phunt:
400 er hêt in an der selben stunt
  kûme gegeben umbe driu:
  owê verlorniu sibeniu!

  Dô der sun wart bereit
  und er sich hêt an geleit,
405 nû hœret wie der knabe sprach.

---

384 Ich müs ot haben r. *B*
385 Dar vmb uater *B* pald *AB*
386 Etwell *B* dechain *B*
387 maidn̄ *AB*
388 beleib *B* nicht lenger *A*
389 *Init. fehlt B*
390 von drein st. *B*
391 Als vns sagt *B* saget *A*
 mår (:wår) *B*
393 lengist *A*

394 vmb d. h. *B* dem *A*
395 kůe *A*, chü *B*
396 Zwen *AB* zwen st. *B*
397 Vnd darzu vier mút *B*
398 awe dir gut *A* güt *B*
399-402 *fehlen B*
401 kaum *A* vmb *A*
402 verlornne Sibnew *A*
405 nû *fehlt B*
 chnappe *B*

er schutte daz houbet unde sach
ûf ietweder ahselbein:
‚ich bizze wol durch einen stein;
ich bin sô muotes ræze,
410 hei waz ich îsens æze!
ez næme der keiser für gewin,
vienge ich in niht und züge in hin
und beschazte in unz an den slouch
und den herzogen ouch
415 und eteslîchen grâven.
über velt wil ich draven
âne angest mînes verhes
und alle welt dwerhes.
lâ mich ûz dîner huote,
420 hinnen für nâch mînem muote
wil ich selbe wahsen.
vater, einen Sahsen
den züget ir lîhter danne mich.'
 Er sprach: ‚sun, sô wil ich dich
425 mîner zühte lâzen frî.
nû zuo des der neve sî!
sît ich mîne zuht sol mîden
an dem ûfrîden,
sô hüete dîner hûben
430 und der sîdînen tûben,

[406] schŭt *A*   vnd *AB*
[407] Achslpain *A*   Auf sein yegleich achelbain *B*
[408] peysse *B*
[410] Wey wes *B*   fråsse *A*
[411] nåm *AB*
[412] Vieng *B*   zúg *B*
[413 414] *fehlen B*
[413] beschåtzte jn vnns *A*
[415] Den hertzögē vnd etleich g. *B*   etslichen *A*
[416] Vber ecke *B*
[417] on angst *A*, Ane vorcht *B*
[418] werlt twerches *B*
[419] Er sprach Vater la *A*
[420] von hynnen phurren *A*
[421] selben *A*
[423] den *fehlt A*   zúgt *B*   dañ *A*
[424] dich *fehlt B*
[425] Dich meinˢ *B*
[427] Seint *B*   mein *B*
[429] sô *fehlt B*

daz man die indert rüere
oder mit übele iht zefüere
dîn langez valwez hâre.
und wilt dû zewâre
435 mîner zühte nimmêre
sô vürhte ich vil sêre,
dû volgest ze jungest einem stabe
und swar dich wîse ein kleiner knabe.'

Er sprach: ,sun, vil lieber knabe,
440 lâ dich noch rihten abe.
dû solt leben des ich lebe
und des dir dîn muoter gebe.
trinc wazzer, lieber sun mîn,
ê dû mit roube koufest wîn.
445 datz Ôsterrîche clamirre,
ist ez jener, ist ez dirre,
der tumbe und der wîse
hânt ez dâ für herren spîse.
die soltû ezzen, liebez kint,
450 ê dû ein geroubtez rint
gebest umb eine henne
dem wirte eteswenne.
dîn muoter durch die wochen

431 nynd͛t *B*
432 ů̈bel *AB*   nicht *A, fehlt B*
    zerfüre *B*
433 Vnd dein *A*   lang *B*
434 zware *AB*
435 zucht nicht mere *B*
436 fůrcht *AB*
437 volgst zlestē *B*   stab *B*
438 war *AB*   weyset *AB*
    ain chnab *B*
439 *Init. fehlt A*
    Der Vater spr. *A*   chnab *B*

440 La mich d. n. weysen ab *B*
441 leb (:geb) *B*
443 Trincke *A*
445 dade *A*
    Österreich *A*, osterreich *B*
446 Es sey jenr ez sey d. *B*
447 tumb *B*
448 habent *A*
449 solt du *A*
451 gebst *A*, Gâbest *B (ebenso 456)*
    ein *AB*
452 etswenne *A*, ettwenne *B*

kan guoten brîen kochen:
455 den soltû ezzen in den grans,
ê dû gebest umb eine gans
ein geroubtez phärit.
sun, und hêtest dû den sit,
sô lebtest dû mit êren,
460 swar dû woldest kêren.
sun, den rocken mische
mit habern, ê dû vische
ezzest nâch unêren:
sus kan dîn vater lêren.
465 volge mir, sô hâstu sin;
sî des niht, sô var dâ hin.
erwirbstu guot und êren vil,
für wâr ich des niht enwil
mit dir haben gemeine:
470 hab ouch den schaden eine.'

Er sprach: dû solt trinken, vater mîn,
wazzer, sô wil ich trinken wîn.
und iz dû gîselitze,
sô wil ich ezzen ditze
475 daz man dâ heizet huon versoten;
daz wirt mir nimmer verboten.
ich wil ouch unz an mînen tôt
von wîzen semeln ezzen brôt:
haber der ist dir geslaht.

[454] preýn *A*, prein wol *B*
[455] solt du *A*
[456] E das du *B*   gebst *A*
ein *AB*
[457] phård *A*
[458] Hey sun h. *B*
[460] War *B*, wohin *A*
[464] sůnst *AB*   kan dich d. v. *B*
[465] hast du *A* (*und so stets*)
[467] Erwirbest du *A*,
Erwirbestu *B*
[470] allaine *B*
[473] ysse *AB*   geyslitze *AB*
[475] Da man haisset *B*
[479] der *fehlt A*

480 man liset ze Rôme an der phaht,
ein kint gevâhe in sîner jugent
von sînem toten eine tugent.
ein edel ritter was mîn tote:
sælic sî der selbe gote
485 von dem ich sô edel bin
und trage sô hôchvertigen sin!'

Der vater sprach: ‚nû gloube daz,
mir geviele et michel baz
ein man der rehte tæte
490 und dar an belibe stæte.
wær des geburt ein wênic laz,
der behagte doch der welde baz
dan von küneges fruht ein man
der tugent noch êre nie gewan.
495 ein frumer man von swacher art
und ein edel man, an dem nie wart
weder zuht noch êre bekant,
und koment die bêde in ein lant
dâ niemen weiz wer si sint,
500 man hât des swachen mannes kint
für den edelen hôchgeborn
der für êre hât schande erkorn.
sun, und wilt dû edel sîn,
daz rât ich ûf die triuwe mîn,

⁴⁸⁰ lißt *AB*   zu *B*
⁴⁸¹ inder j. *B*
⁴⁸² Nach seinen gǒtten *B*
    einen *A*, ain *B*
⁴⁸³ todt *A*, gǒt *B*
⁴⁸⁴ selbig *A*   got *A*, gǒt *B*
⁴⁸⁵ also *B*
⁴⁸⁶ trag *A*, han *B*   also *B*
⁴⁸⁷ nû *fehlt B*   gelaube *B*

⁴⁸⁸ geuiel *AB*   ot *B*
⁴⁸⁹ recht *B*
⁴⁹¹ wåre *A*, W⁺ *B*
⁴⁹² Der geviel *B*
⁴⁹⁷ Tugent noch *B*   nie bek. *A*
⁴⁹⁸ Kåmen die baide *B*
⁵⁰⁰ Da hat mā des *B*
⁵⁰¹ Edlen *AB*
⁵⁰² Da fúr er hat schand *B*

21

505 sô tuo vil edellîche:
guot zuht ist sicherlîche
ein krône ob aller edelkeit;
daz sî dir für wâr geseit.'

Er sprach: ‚vater, dû hâst wâr.
510 mich enlât mîn hûbe und mîn hâr
und mîn wol stânde gewæte
niht belîben stæte.
diu sint beidiu sô glanz,
daz si baz zæmen einem tanz
515 dan der eiden oder dem phluoc.'

‚Wê daz dich muoter getruoc!'
sprach der vater zuo dem sun.
‚du wiltz beste lân undz übele tuon.
sun, vil schœner jungelinc,
520 dû solt sagen mir ein dinc,
ob dir wonen witze bî,
weder baz lebendiger sî:
dem man fluochet unde schiltet
und des al diu welt engiltet
525 und mit der liute schaden lebet
und wider gotes hulde strebet –
nû welhes leben ist reiner?

[506] Güt tugent ist vil s. *B*
[507] chron *B*
[510] vnd *A*, noch *B*
[511] wolsteende *A*, wolstendes *B*
gewatte (:statte) *A*, gwåte *B*
[513] sint mir baide *B*
[514] Das ich bas zim an ainē
tantze *B*
[515] vnd d. pf. *B*
[516] *Init.* Sprach [517] *B*, Sun [519] *A*
dich dein m. *AB*
ye getrüg *B*

[517] Sprach ab' d' *B*
[518] Du wilt ot laider ubel t. *B*
wilt das *A*
vnd das bōse *A*
[519] jŭngling *A*
[521] wone die wirde beÿ *B*
[522] welher *A*, W' *B*
lebender *A*
[523] den *A*   vnd *AB*
[524] al *fehlt B*
[525] lebt (:strebt) *AB*

         sô ist aber einer
         des al diu welt geniuzet
530　und den des niht verdriuzet,
         er werbe naht unde tac,
         daz man sîn geniezen mac,
         und got dar under êret;
         swelhez ende er kêret,
535　dem ist got und al diu welt holt.
         lieber sun, dû mir solt
         mit der wârheit sagen daz,
         weder dir nû gevalle baz.'

         ‚Vater mîn, daz tuot der man,
540　des man niht engelten kan
         und des man geniezen sol.
         der ist lebendiger wol.'
             ‚Lieber sun, daz wærest dû,
         ob dû mir woldest volgen nû.
545　sô bûwe mit dem phluoge;
         sô geniezent dîn genuoge:
         dîn geniuzet sicherlîche
         der arme und der rîche,
         dîn geniuzet wolf und ar
550　und alliu creatûre gar
         und swaz got ûf der erden
         hiez ie lebendic werden.
         lieber sun, nû bouwe:

---

[528] ist da pey ainer *B*
[530] des *fehlt B*
[531] vnd *AB*
[533] auch eret *B*
[534] Wel(c)hes *AB*
　　 ends er sich k. *B*
[535] al *fehlt B*
[536] Sun daz du *A*

[538] Wer *AB*
[539] *Init. fehlt B*
[548] arm *B*
[549] der Wolffe vnd der ar *A*
[550] alle *AB*　Creatur *A*
[551] und *fehlt B*
[553] Vil lieb' *B*

jâ wirt vil manec frouwe
555 von dem bûwe geschœnet,
manec künec wirt gekrœnet
von des bûwes stiuwer.
wan niemen wart sô tiuwer,
sîn hôchvart wære kleine
560 wan durch daz bû aleine.'

Er sprach: ,vater, dîner predige
got mich schiere erledige.
ob ûz dir worden wære
ein rehter predigære,
565 dû bræhtest liute wol ein her
mit dîner predige über mer.
vernim waz ich dir sagen wil:
bûwent die gebûren vil,
si ezzent wol dester mê.
570 swie halt mir mîn dinc ergê,
ich wil dem phluoge widersagen.
und sold ich swarze hende tragen
von des phluoges schulde,
sô mir gotes hulde,
575 sô wær ich immer geschant,
swenne ich tanzte an frouwen hant.'

Der vater sprach: ,nû vrâge,
daz dich des iht betrâge,

⁵⁵⁴ Es wirt *B*   manig *A*, manich *B*   (stets) fraw *B*
⁵⁵⁵ Vō pawe wol g. *B*
⁵⁵⁷ Vnd des b. steúrer *B*   Steur *A*
⁵⁵⁸ Nie man w. *B*
    tewr *A*, teúrer *B*
⁵⁵⁹ ward vilchlaine *B*
⁵⁶² Mich got *B*   schier *AB*
⁵⁶³ vnd ob *A*
⁵⁶⁵ b. ain gantzes her *B*
⁵⁶⁶ predig *B*
⁵⁶⁸ pawen *A*   gepaurn *A*
⁵⁷¹ dein pflügē *B*
⁵⁷² Solt ich swartz *B*
    weysse h. *A*
⁵⁷⁵ So wúrd ich vil ser g. *B*
⁵⁷⁶ tantzt frawē an dˋ hād *B*
⁵⁷⁸ des *B*, der *A*

swâ dû sîst den wîsen bî,
580 mir troumte ein troum, waz daz sî.
dû hêtest zwei lieht in der hant,
diu brunnen, daz si durch diu lant
lûhten mit ir schîne.
lieber sun der mîne,
585 sust troumt mir vert von einem man,
den sach ich hiure blinden gân.'
   Er sprach: ,vater, daz ist guot.
ich gelâze nimmer mînen muot
umb sus getâniu mære;
590 ein zage ich danne wære.'
   In enhalf et niht sîn lêre.
er sprach: ,mir troumte mêre:
ein fuoz dir ûf der erde gie
und dû mit dem andern knie
595 stüende ûf einem stocke;
dir ragete ûz dem rocke
einez als ein ahsendrum.
sol dir der troum wesen frum,
oder waz er bediute,
600 des frâge wîse liute.'

   Er sprach: ,daz ist sælde unde heil
und aller rîchen freuden teil.'
   Er sprach: ,sun, noch troumte mir

579 Wa *B,* wo *A*   seyest *A*
580 traumt ain traume *B*
581 Die hettest *B*
583 jrem *A*
585 Sunst *AB*
586 hewr *AB*
588 gelas *AB*
589 vmb sunst *A,* Durch so *B*
590 zag *B*   dann *A*
591 half ot *B*

592 entraumte *A,* traumt ot *B*
593 erden *B*
594 da stůndest du *A*
595 Stündt auf *B,* hohe auf *A*
596 Dir regt auch *B,* do ragte dir *A*
601 såld *B*
602 rîchen *fehlt A*
    aller reichtüm vnd frôden *B*
603 traumbte *A*

25

ein troum, den wil ich sagen dir.
605 dû soldest fliegen hôhe
über welde und über lôhe:
ein vettich wart dir versniten:
dô wart dîn vliegen vermiten.
sol dir der troum guot sîn?
610 owê hende, füeze und ougen dîn!'

‚Vater, al die tröume dîn
sint vil gar diu sælde mîn,'
sprach der junge Helmbreht.
‚schaf dir umb einen andern kneht:
615 dû bist mit mir versoumet,
swie vil dir sî getroumet.'

‚Sun, al die tröume sint ein wint,
die mir noch getroumet sint:
nû hœr von einem troume.
620 dû stüende ûf einem boume:
von dînen füezen unz an daz gras
wol anderhalp klâfter was;
ob dînem houpte ûf einem zwî
saz ein rabe, ein krâ dâ bî.
625 dîn hâr was dir bestroubet:
dô strælte dir dîn houbet
zeswenhalp der rabe dâ,

---

⁶⁰⁵ Wie d. s. *B*   hoch (:loch) *B*
⁶⁰⁶ über walt *A*, Vbel veld *B*
⁶⁰⁷ ved' *B*
⁶⁰⁸ da *AB*   gar v'm. *B*
⁶¹⁰ hend füs *B*
⁶¹¹ *Init. fehlt A*   alle trãume *B*
⁶¹³ jūg *B*
⁶¹⁶ Was dir halt sey *B*
⁶¹⁷ Er sprach Sun *A*
  Die trõme sint alle *B*
  sein *A*
⁶¹⁸ Gein den die mir getraumēt s. *B*
⁶²⁰ stũndest *A*, stũnd *B*
⁶²¹ unz *fehlt B*
⁶²³ haubt *AB*
⁶²⁴ rape *A*, rab *B*   vnd ein *A*
⁶²⁵ z'straubet *B*
⁶²⁷ Ceswenthalbe *A*
  ain rabe da *B*,
  ein rabe saß da *A*

winsterhalp schiet dirz diu krâ.
owê, sun, des troumes!
630 owê, sun, des boumes!
owê des raben! owê der krân!
jâ wæne ich riuwec bestân
des ich an dir hân erzogen,
mir habe der troum danne gelogen.'

635 ,Ob dir nû, vater, wizze Krist,
troumte allez daz der ist,
beide übel unde guot,
ich gelâze nimmer mînen muot
hinnen unz an mînen tôt.
640 mir wart der verte nie sô nôt.
vater, got der hüete dîn
und ouch der lieben muoter mîn;
iuwer beider kindelîn
diu müezen immer sælec sîn.
645 got habe uns alle in sîner phlege.'
dâ mite reit er ûf die wege.
urloup nam er zuo dem vater;
hin drâte er über den gater.
  Sold ich allez sîn geverte sagen,
650 daz enwurde in drîen tagen,

---

[628] Winsterthalb *A*, vinsterh. *B*
  dir *A*
[629] trames *B*
[631] Awe (We) den raben awe (we) den c. *AB*
[632] wann *A*, wen *B*
  růebig *A*, traurig *B*
  müs gestan *B*
[634] hab *AB*   dann *AB*
[635] vasser (!) *B*
[636] daz da ist *B*
[637] vnd *AB*

[638] Zwar ich gelas doch m. m. *B*
[639] Nýmmˀ vntz *B*
[642] der *A*, die *B*
[643] Ewr *A*
[644] Die *B*, fehlt *A*
[645] hab *AB*   all *B*   pfleg (:weg) *B*
[646] damit *A*, Da mit so *B*
[647] zum *A*, da zedē *B*
[648] hin trat *A*, Alhin so drât *B*
  durch dē g. *B*
[649] alls *B*
[650] wurde *A*, enwurd *B*   drein *B*

oder lîhte in einer wochen
nimmer gar volsprochen.

Uf eine burc kom er geriten.
dâ was der wirt in den siten,
655 daz er urliuges wielt
und ouch vil gerne die behielt,
die wol getorsten rîten
und mit den vînden strîten.
dâ wart der knabe gesinde.
660 an roube wart er sô swinde,
swaz ein ander ligen liez,
in sînen sac erz allez stiez.
er nam ez allez gemeine:
dehein roup was im ze kleine,
665 im was ouch niht ze grôz.
ez wære rûch, ez wære blôz,
ez wære krump, ez wære sleht,
daz nam allez Helmbreht,
des meier Helmbrehtes kint.
670 er nam daz ros, er nam daz rint,
er lie dem man niht leffels wert;
er nam wambîs unde swert,
er nam mandel unde roc,
er nam die geiz, er nam den boc,

651 leicht *A*, villeicht *B*
653 ein *AB*
654 in sôlchem sitē *B*
655 er ståt vrl. *B*
656 ouch *fehlt B*   gern *A*
657 streiten (:reitñ) *A*
659 chnab *B*
660 raub *B*
661 was *A*, Das wol *B*
662 er das st. *B*
664 dhain *A*, Chain *B*

666 wår rauch oder bl. *B*
667 wår *B*
668 alles der junge H. *A*,
   als d'selbe chnecht *B*
669 Mayr *A*, mayers *B*
670 *beide* daz *fehlen B*
671 manne nit *A*
672 wammes vnd *A*
673 Mantl vnd *A*, mantel er nam *B*
   Rôck (:die pôck) *A*
674 die *und* den *fehlen B*

28

675 er nam die ou, er nam den wider:
daz galt er mit der hiute sider.
röckel, pheit dem wîbe
zôch er ab dem lîbe,
ir kürsen und ir mandel:
680 des hêt er gerne wandel,
dô in der scherge machet zam,
daz er wîben ie genam:
daz ist sicherlîchen wâr.
ze wunsche im daz êrste jâr
685 sîne segelwinde duzzen
und sîniu schef ze heile fluzzen.
sînes muotes wart er sô geil,
dâ von daz im der beste teil
ie geviel an gewinnen.
690 dô begunde er heim sinnen,
als ie die liute phlâgen
heim zuo ir mâgen.
ze hove er urloup dô nam
und ze dem gesinde sam,
695 daz si got der guote
hêt in sîner huote.

Hie hebet sich ein mære,
daz vil müelîch wære
ze verswîgen den liuten.
700 kunde ich ez bediuten,
wie man in dâ heime enphie!

675 ob *A*, au *B*
677 Rock *B*
680 gern *A*
681 gehabt do *AB*   machte *B*
684 Zu *B* (*meist*)
685 Sein *B*
686 sein schiff *B*
688 Dar vmb das *B*
689 gewinne *A*
690 begund *B*
693 Zu hof *B*   dô *fehlt A*
697 hebt *AB*
700 Ey kund *B*
701 haym *B*   emphie *A*

ob man iht gegen im gie?
nein, ez wart geloufen,
alle mit einem houfen,
705 einez für daz ander dranc;
vater unde muoter spranc,
als in nie kalp ersturbe.
wer daz botenbrôt erwurbe?
dem knehte gap man âne fluoch
710 beide hemde unde bruoch.
sprach daz frîwîp und der kneht:
‚bis willekomen, Helmbreht!'?
nein, si entâten,
ez wart in widerrâten.
715 si sprâchen: ‚juncherre mîn,
ir sult got willekomen sîn!'

Er sprach: ‚vil liebe sœte kindekîn,
got lâte iuch immer sælec sîn!'
diu swester engegen im lief,
720 mit den armen si in umbeswief.
dô sprach er zuo der swester:
‚gratia vester!'
hin für was den jungen gâch,
die alten zugen hinden nâch;
725 si enphiengen in beide âne zal.
zem vater sprach er: ‚deu sal!'

---

704 All *B*
706 vnd *A*
709 Dem gab man es äne f. *B*
710 hemd *B*   vnd *A*
711 das weib *B*
712 (u. 716) wilkomē *B*
717 Init. *fehlt A*
    liebe swester kintekin *A*,
    liebē süssen kinde *B*

718 Got las *B*, lat lat *A*
719 Die Swester entgegen im *A*,
    Gegen im sein swôster *B*
721 zder *B*
723 dem *B*
724 zogtē *B*
725 baid *B*
726 zum *A*, Zedem *B*
    deus *B*

     zuo der muoter sprach er sâ
     bêheimisch: ‚dobra ytra!'
     si sâhen beide einander an,
730 beide daz wîp und der man.
     diu hûsfrou sprach: ‚herre wirt,
     wir sîn der sinne gar verirt.
     er ist niht unser beider kint:
     er ist ein Bêheim oder ein Wint.'
735 der vater sprach: ‚er ist ein Walh.
     mîn sun, den ich got bevalh,
     der ist ez niht sicherlîche
     und ist im doch gelîche.'
     dô sprach sîn swester Gotelint:
740 ‚er ist niht iuwer beider kint.
  a dô ich im engegen gie
  b und in mit armen umbevie,
     er antwurt mir in der latîn:
     er mac wol ein pfaffe sîn.'
     ‚entriuwen', sprach der vrîman,
     ‚als ich von im vernomen hân,
745 sô ist er ze Sahsen
     oder ze Brâbant gewahsen.
     er sprach „liebe sœte kindekîn":
     er mac wol ein Sahse sîn.'

     Der wirt sprach mit rede sleht:
750 ‚bist dûz mîn sun Helmbreht,

728 dobraytra *A*, do braýtra *B*
729 baid *B* an ein. an *A*
730 Baid *B*
735 Der wirt sp. *B*
736 meinen *A* enphalch *B*
737 sicherleich *B*
738 doch gar ânleich *B*
739 Gotlint *A*, gŏtlint *B* (*stets*)
740 a,b *fehlen A*

740 a giench (:-viench) *B*
741 anwurtet *A*
   Do antwurt er mir l. *B*
743 Entraun *A*, Entreun *B*
747 l. Swester kindekin *A*,
   l. kindelein *B*
748 Des mag er w. *B*
749 red *B*
750 Pistu *B*

dû hâst mich gwunnen dâ mite,
sprich ein wort nâch unserm site,
als unser vordern tâten,
sô daz ichz müge errâten.
755 dû sprichest immer „deu sal",
daz ich enweiz zwiu ez sal.
êre dîne muoter und mich,
daz diene wir immer umbe dich:
sprich ein wort tiutischen.
760 ich wil dir dînen hengest wischen,
ich selbe unde niht mîn kneht,
lieber sun Helmbreht,
daz dû immer sælec müezest sîn.'
‚Ey waz snacket ir gebûrekîn
765 und jenez gunêrte wîf?
mîn parit, mînen klâren lîf
sol dehein gebûric man
zewâre nimmer gegrîpen an.'
Des erschrac der wirt vil sêre.
770 dô sprach er aber mêre:
‚bistuz Helmbreht, mîn sun,
ich siude dir noch hînte ein huon
und brâte dir aber einez:
daz rede ich niht meinez.
775 und bist duz niht Helmbreht, mîn kint,

751 gewunnen damit (:sit) *AB*
753 vnsere vordere *A*
754 mŭg *A*
755 sprichst *B*, sprachest *A*   deus *B*
757 dein *AB*
758 dienen *AB*   vmb *AB*
759 Nū spr. *B*   endeutschē *B*
760 Dein pfårt wil ich dir w. *B*
   Hengst *A*
761 selben *A*, selb *B*   vnd *AB*
   dein kn. *A*

763 immer *fehlt B*
764 sackent *A*, sagt *B*
765 ienes gunert *A*, ditz vngerte *B*
766 pert vnd mein chlare lief *B*
767 gebaureckein m. *B*
768 zwar *AB*   gryppen *B*
772 Ich hais siedē dir ain h. *B*
773 brat dir dar zŭ aines *B*
   eines *A*
774 red *B*   meines *AB*
775 Bistu ab' nicht mein k. *B*

  sît ir ein Bêheim oder ein Wint,
  sô vart hin zuo den Winden!
  ich hân mit mînen kinden
  weizgot vil ze schaffen.
780 ich gibe ouch keinem pfaffen
  niht wan sîn barez reht.
  sît irz niht Helmbreht,
  hêt ich danne alle vische,
  irn twaht bî mînem tische
785 durch ezzen nimmer iuwer hant.
  sît ir ein Sahse oder ein Brâbant
  oder sît ir von Walhen,
  ir müeset iuwer malhen
  mit iu hân gefüeret:
790 von iu wirt gerüeret
  des mînen niht zewâre,
  und wær diu naht ein jâre.
  ich enhân den mete noch den wîn:
  juncherre, ir sult bî herren sîn!'

795 Nû was ez harte spâte.
  der knabe wart ze râte
  in sîn selbes muote:
  ‚sam mir got der guote,
  ich wil in sagen wer ich sî.
800 ez ist hie nindert nâhen bî

---

[776] beham *B*
[780] gib *AB* dhainem *A*, dechainē *B*
[782] ir ez *B*
[783] Vnd h. i. alle *B* dann *A*
[784] Ir tw. *A*, yr entw. *B*
[786] sachs *B*
[788] Ir mŭesset es in Ewr m. *A*, So mŏcht ir ew' m. *B*

[789] wol han *B*
[790] wirt nicht *A*, so wirt *B*
[791] zware *AB*
[793] met *AB*
[794] Jŭckhe'r *B* bey den h. *A*
[795] *Init. fehlt B* hart *A*
[796] knab *A*
   Des ward d' chnapp *B*
[799] in] euch *AB*

33

ein wirt der mich behalde.
niht guoter witze ich walde,
daz ich mîn rede verkêre:
ich entuon ez nimmer mêre.'

805 Er sprach: ‚jâ bin ich ez der.'
der vater sprach: ‚nû saget wer!'
‚der dâ heizet alsam ir.'
der vater sprach: ‚den nennet mir!'
‚ich bin geheizen Helmbreht.
810 iuwer sun und iuwer kneht
was ich vor einem jâre:
daz sag ich iu zewâre.'
der vater sprach: ‚nein ir.'
‚ez ist wâr!' ‚so nennet mir
815 mîne ohsen alle viere!'
‚daz tuon ich vil schiere.
der ich dô wîlen pflegte
und mînen gart ob in wegte,
der eine heizet Ûwer;
820 ez wart nie gebûwer
sô rîche noch sô wacker,
er zæme ûf sînem acker.
der ander der hiez Ræme:
nie rint sô genæme
825 wart geweten under joch.
den dritten nenne ich iu noch:

802 witz *B*   803 red *B*
804 tůn *A*
805 *Init. fehlt B*   Ichs *A*
806 Der wirt sp. *B*   sagt *A*
808 Der wirt sp. *B*
812 zware *A*, fúr ware *B*
813 sp. zwar nain *B*
815 mein *AB*
816 tü ot ich *B*

819 ower (:gepaur) *A*,
    awer (:gebawer) *B*
821 reich noch also *B*
822 zam *A*, zåm *B*
823 and' haisset r. *B*
    Rame (:gename) *A*
824 Ain r. also g. *B*
825 Ward nýe g. *B*
826 So nenn ich euch d.d.n. *B*

34

der was geheizen Erge.
ez kumt von mîner kerge,
daz ich si kan genennen.
830 welt ir mich noch erkennen:
der vierde der hiez Sunne.
ob ichs genennen kunne,
des lât mich geniezen:
heizt mir daz tor ûf sliezen!'

835 Der vater sprach: ,tür unde tor
dâ soltû niht sîn lenger vor;
beide gadem unde schrîn
sol dir allez offen sîn.'

Unsælde sî verwâzen!
840 ich bin vil gar erlâzen
sô guoter handelunge,
als dâ hêt der junge.
sîn phärit wart enphettet,
im selben wol gebettet
845 von swester und von muoter.
der vater gap daz fuoter
weizgot niht mit zadele.
swie vil ich var enwadele,
sô bin ich an deheiner stete,
850 dâ man mir tuo, als man im tete.
diu muoter rief die tohter an:

828 kumbt *A*, kŏmt *B*
829 ichs *A*
831 vierd d' haisset s. *B*
832 ich sy *B*
833 mich nū g. *B*
834 haysset *A*
835 *Init. fehlt A* vnd *AB*
836 solt du *A*
839 *Init. fehlt B*

841 hanndlunge *A*
842 Als alda *B*
843 phârd *A*, phârt *B*
844 selb ward wol *B*
847 zadel *B*, zodel *A*
848 entwadel *AB*
849 stet (:tet) *AB*
851 rŭefft *A*

35

,dû solt loufen und niht gân
in daz gadem unde reich
einen bolster und ein küsse weich!'
855 daz wart im under den arm
geleit ûf einen oven warm,
dâ er vil sanfte ûf erbeit,
unz daz ezzen wart bereit.

Dô der knabe erwachet,
860 daz ezzen was gemachet,
und er die hende hêt getwagen,
hœrt waz für in wart getragen.
ich wil iu nennen die êrsten traht
(wær ich ein herre in hôher aht,
865 mit der selben rihte
wold ich haben phlihte):
ein krût vil kleine gesniten;
veizt und mager, in bêden siten,
ein guot fleisch lac dâ bî.
870 hœret waz daz ander sî:
ein veizter kæse, der was mar;
diu rihte wart getragen dar.
nû hœrt wie ich daz wizze:
nie veizter gans an spizze
875 bî fiure wart gebrâten
(mit willen si daz tâten,
ir deheinez des verdrôz);

---

⁸⁵⁵ v. seinē a. *B*
⁸⁵⁶ gelegt *A*
⁸⁵⁷ sanft *AB*   ûf *fehlt A*
⁸⁵⁹ *Init. fehlt B*   chnappe *B*
    erwachte (:gemachte) *A*
⁸⁶¹ henndt *A*   zwagen *A*
⁸⁶² hǒret *A*
⁸⁶⁴ herr vō h. *B*
⁸⁶⁷ chraut was v. chlain *B*

⁸⁶⁸ baiden *B*
⁸⁷⁰ Nū h. *B*
⁸⁷¹ kås *AB*
⁸⁷² richt ward auch g. *B*
⁸⁷³ hǒret *A*
⁸⁷⁴ am *A*
⁸⁷⁵ beỹ dem feǔr *A*
⁸⁷⁷ ⁸⁷⁸ *stellt B um*

si was michel unde grôz,
gelîch einem trappen:
880 die sazt man für den knappen.
ein huon gebrâten, einz versoten,
als der wirt hêt geboten,
diu wurden ouch getragen dar.
ein herre næm der spîse war,
885 swenne er gejeides phlæge
und ûf einer warte læge.
noch spîse maneger hande
die gebûre nie bekande,
alsô guote lîpnar
890 truoc man für den knappen dar.
der vater sprach: ‚und hêt ich wîn,
der müeste hînt getrunken sîn.
lieber sun mîn, nû trinc
den aller besten ursprinc
895 der ûz erden ie geflôz.
ich weiz niht brunnen sîn genôz,
wan ze Wanchûsen der:
den treit et uns nû niemen her.'

Dô si mit freuden gâzen,
900 der wirt niht wolde lâzen,
er frâgte in der mære,
wie der hovewîse wære,

⁸⁷⁸ vnd *AB*
⁸⁸⁰ knaben *A*
⁸⁸¹ aines vers. *A*, vnd ains ges. *B*
⁸⁸² Der wirt daz het gep. *B*
⁸⁸⁴ nam *A*
⁸⁸⁵ gejâges *B*
    phlage (:lage) *A*
⁸⁸⁸ gepaur *AB*   erk. *B*
⁸⁸⁹ als *A*, Vnd also *B*   gůt *A*
⁸⁹⁰ Die trüg *B*   knaben *A*

⁸⁹² můesset *A*, müste *B*   heut *A*
⁸⁹³ mîn *fehlt A*
⁸⁹⁵ aus dˢ *B*
⁸⁹⁶ wais nýndert s. g. *B*
⁸⁹⁷ Dañ zu leubenbach der *B*
⁸⁹⁸ tregt *A*
    trait vns abˢ nū n. *B*
⁸⁹⁹ *Init. fehlt A*   da sy do *A*
⁹⁰¹ fragt *B*
⁹⁰² hofweyß(e) *AB*

dâ er wære gewesen bî.
‚sage mir, sun, wie der sî:
905 sô sag ich dir denne,
wie ich etewenne
bî mînen jungen jâren
die liute sach gebâren.'
‚vater mîn, daz sage mir,
910 zehant sô wil ich sagen dir,
swes dû mich frâgen wil:
der niuwen site weiz ich vil.'

‚Wîlen dô ich was ein kneht
und mich dîn ene Helmbreht
915 (der mîn vater was genant)
hin ze hove hêt gesant
mit kæsen und mit eier,
als noch tuot ein meier,
dô nam ich der ritter war
920 und merkte ir geverte gar:
si wâren hovelîch und gemeit
und kunden niht mit schalcheit,
als nû bî disen zîten kan
manec wîp und manec man.
925 die ritter hêten einen site,
dâ liebtens sich den frouwen mite:
einez ist buhurdiern genant,

---

⁹⁰³ ware *A*, wâr *B*
⁹⁰⁴ sag *AB*
⁹⁰⁶ ettwenne *A*, entwenne *B*
⁹⁰⁸ l. da sach *B*
⁹⁰⁹ sag *AB*
⁹¹¹ Wes du wilt fr. mich *B*
⁹¹² siten *A*   D. n. sitē weis ich dich *B*
⁹¹³ Der vat' sprach do ich waz chnecht *B*
⁹¹⁶ Hintz ze *B*
⁹¹⁷ kås *B*   ayr *A*
⁹¹⁸ Mayr *AB*
⁹²¹ Hoflich *A*, schŏn *B*
⁹²³ nū *B*, man *A*   bey bey *A*
⁹²⁵ sit (:mit) *AB*
⁹²⁶ sy sich *AB*
⁹²⁷ buhurdieren *B*

daz tete ein hoveman mir bekant,
dô ich in frâgte der mære
930 wie ez genennet wære.
si fuoren sam si wolden toben
(dar umbe hôrte ich si loben),
ein schar hin, diu ander her;
ez fuor diser unde der
935 als er enen wolde stôzen.
under mînen genôzen
ist ez selten geschehen
daz ich ze hove hân gesehen.
als si danne daz getâten,
940 einen tanz si dô trâten
mit hôchvertigem sange;
daz kurzte die wîle lange.
vil schiere kom ein spilman,
mit sîner gîgen huob er an:
945 dô stuonden ûf die frouwen,
die möht man gerne schouwen;
die ritter gegen in giengen,
bî handen si si viengen.
dâ was wunne überkraft
950 von frouwen und von ritterschaft
in süezer ougenweide.
juncherren unde meide
si tanzten frœlîche,
arme unde rîche.

928 thet mir ein h. *A*,
  tet mir ain' do *B*
929 fragt *B*
932 darumb *A*, Dar vmb so *B*
  hort *AB*
934 d. vnd *A*, dirr vnd *B*
935 er den and'n wolt *B*
938 hof *B*
939 dann *AB*

940 danne *A*, da *B*
941 gesan(n)ge *AB*
942 kúrtzt in d. weil *B*
943 schier *AB*   kom dañ *B*
945 So st. *B*
946 mocht *B*   gern *A*
949 was dañ wuñ vñ u. *B*
952 junckhern vnd *A*
954 Baid arm *B*   vnd *AB*

955 als des danne nimmer was,
sô gie dar einer unde las
von einem, der hiez Ernest.
swaz ieglîcher aller gernest
wolde tuon, daz vander.
960 dô schôz aber der ander
mit dem bogen zuo dem zil.
maneger freuden was dâ vil,
ener jeite, diser birste.
der dô was der wirste,
965 der wære nû der beste.
wie wol ich etewenne weste,
waz triuwe und êre mêrte,
ê'z diu valscheit verkêrte!
die valschen und die lôsen
970 die diu reht verbôsen
mit ir listen kunden,
die herren in dô niht gunden
dâ ze hove der spîse.
der ist nû der wîse,
975 der lôsen unde liegen kan,
der ist ze hove ein werder man
und hât guot und êre
leider michels mêre
danne ein man der rehte lebet
980 und nâch gotes hulden strebet.
als vil weiz ich der alten site.

⁹⁵⁵ dann *A*   Als dañ des niht
mer w. *B*
⁹⁵⁶ vnd *A*
⁹⁵⁷ Ernst *A*, ernst (:gernst) *B*
⁹⁶⁰ da *A*, So *B*
⁹⁶² Mangˢ *B*   freude *A*
⁹⁶³ Ener jaget *A*, Ainer reit *B*
dirr *B*   pirset (:wirset) *A*
⁹⁶⁵ ware *A*   wår vns nū *B*

⁹⁶⁶ Hey wie *A*   ettwen *A*,
etwenne *B*
⁹⁶⁷ trew *AB*
⁹⁶⁸ e(e) es die *AB*   valhait *B*
⁹⁷³ Da zuhof *B*, ze hofe *A*
⁹⁷⁵ vnd *AB*
⁹⁷⁶ zehof *B*
⁹⁷⁹ dann *AB*   lebt (:strebt) *AB*
⁹⁸¹ sit (:mit) *AB*

sun, nû êre mich dâ mite
und sage mir die niuwen.'

,Daz tuon ich entriuwen.
985 daz sint nû hovelîchiu dinc:
„trinkâ, herre, trinkâ trinc!
trinc daz ûz, sô trink ich daz!
wie möhte uns immer werden baz?"
vernim waz ich bediute:
990 ê vant man werde liute
bî den schœnen frouwen,
nû muoz man si schouwen
bî dem veilen wîne.
daz sint die hœhsten pîne
995 den âbent und den morgen,
wie si daz besorgen,
ob des wînes zerinne,
wie der wirt gewinne
einen der sî alsô guot,
1000 dâ von si haben hôhen muot.
daz sint nû ir brieve von minne:
„vil süeziu lîtgebinne,
ir sult füllen uns den maser!"
ein affe und ein narre waser,
1005 der ie gesente sînen lîp
für guoten wîn umbe ein wîp.
swer liegen kan der ist gemeit,
triegen daz ist hövescheit.

[983] sag *A*   die *A*, der *B*
[984] *Init.* Das   [985] *AB*   tü ot ich *B*
[986] trincke tr. *A*
[987] ûz *fehlt B*
[988] möcht *AB*
[989] V. recht was *B*
[994] Da sint *B*   [997] zrinne *B*
[999] Ainē and'n d' *B*   als *A*
[1001] D. s. ir brief vnd mīne *B*
[1003] Nū fúlt vns wol den naser *B*
[1004] aff ain narr *B*
[1005] gesent *A*
[1006] vmb *AB*
[1008] hôfischait *A*, hôbpschait *B*

er ist gefüege, swer den man
1010 mit guoter rede versnîden kan.
swer schiltet schalclîche,
der ist nû tugentrîche.
der alten leben, geloubet mir,
die dâ lebent alsam ir,
1015 die sint nû in dem banne
und sint wîbe und manne
ze genôze alsô mære
als ein hâhære.
âht und ban daz ist ein spot.'
1020 Der alte sprach: ,daz erbarme got
und sî im immer gekleit,
daz diu unreht sint sô breit.'
,Die alten turnei sint verslagen
und sint die niuwen für getragen.
1025 wîlen hôrt man kroyieren sô:
„heyâ ritter, wis et frô!"
nû kroyiert man durch den tac:
„jagâ ritter, jagâ jac!
stichâ stich! slahâ slach!
1030 stümbel den der ê gesach!
slach mir dem abe den fuoz!
tuo mir disem der hende buoz!
dû solt mir disen hâhen
und enen rîchen vâhen:

[1009] gefüg nū w' *B*
[1010] red *B*
[1013] lebn̄t gelaubent *B*
[1015] der ist nu *A*
[1016] Vnd ist *A*   weib *AB*
[1017] Zu genos *B*   als *A*
[1018] Alsam *B*
[1020] alt *B*
[1022] berait *A*

[1025] kroyren *A*, grogierē *B*
[1026] helt ritter *A*   weset *A*,
wis ot *B*
[1027] kroyeret *A*, grogiert *B*
[1028] Jage rinder Jage iag *A*
[1029] schlahe schlach *A*
[1031] disem *B*   ab *AB*
[1032] Vnd tü *B*   mir dem *B*
[1034] enem *A*, ainē *B*   nahn̄ *A*

42

1035 der gît uns wol hundert phunt."
mir sint die site alle kunt.
vater mîn, wan daz ich enwil,
ich getrûte dir gesagen vil
niuwan von den niuwen siten:
1040 ich muoz slâfen, ich hân vil geriten,
mir ist hînt ruowe nôt.'
dô tâten si als er gebôt.
lîlachen was dâ fremde:
ein niuwewaschen hemde
1045 sîn swester Gotelint dô swief
über daz bette dâ er slief,
unz ez hôhe wart betaget.
wie er nû vert daz wirt gesaget.

Ez ist billîch unde reht,
1050 daz der junge Helmbreht
ûz ziehe, ob er iht bringe
von hove gämelîcher dinge
dem vater, der muoter, der swester.
jâ zewâre, und wester
1055 waz ez allez wære,
ir lachet der mære.
dem vater er brâhte einen wetzestein,
daz nie mâder dehein
in kumph bezzern gebant,
1060 und eine segense, daz nie hant

¹⁰³⁵ Der vns geb wol *B*   ¹⁰⁴⁷ was b. *B*   ¹⁰⁴⁹ vnd *AB*
¹⁰³⁶ sit *B*   ¹⁰⁵² hof *B*
¹⁰³⁸ trawe *A*, getraut *B*   ¹⁰⁵³ vnd der Sw. *AB*
¹⁰³⁹ nun *A*, Nū wan *B*   ¹⁰⁵⁴ zware *A*, zwar *B*
¹⁰⁴⁰ vil *fehlt B*   ¹⁰⁵⁶ lachet *A*, lachet gnüg *B*
¹⁰⁴² tetten *A*   ¹⁰⁵⁷ bracht er *A*, er bracht *B*
¹⁰⁴³ warē im f. *B*   Wetzstain *AB*
¹⁰⁴⁴ new gew. *A*, new waschen *B*   ¹⁰⁶⁰ ein Segens *AB*

  sô guote gezôch durch daz gras
  (hei welh gebûrkleinât daz was!),
  und brâhte im ein bîle,
  daz in maneger wîle
1065 gesmit sô guotez nie kein smit,
  und eine hacken dâ mit.
  ein fuhspelz sô guoter,
  den brâht er sîner muoter
  Helmbreht, der junge knabe;
1070 den zôch er einem pfaffen abe.
  ob erz roubte oder stæle,
  vil ungerne ich daz hæle,
  wær ich sîn an ein ende komen.
  einem krâmer hêt er genomen
1075 ein sîdîn gebinde,
  daz gab er Gotelinde,
  und einen borten wol beslagen,
  den billîcher solde tragen
  eines edelen mannes kint
1080 dan sîn swester Gotelint.
  dem knehte schuohe mit riemen
  (die hêt er ander niemen
  sô verre gefüeret
  noch mit handen gerüeret:

[1061] güt *B*
[1062] *fehlt B* bey welch *A*
[1063] bracht *AB* im auch ain *B*
[1064] in māg' *B*
[1065] dhain *A*
[1066] ein *AB* holtzhacken auch mit *B*
[1067] Einen *AB*
[1069] Helemprechte *A* chnab (:ab) *B*
[1071] er es *B* stale (:hale) *A*
[1072] vngern *AB*

[1073] kumen (:genumen) *A*
[1075] gepinden (:Gotlinden) *A* Aine seydine binden (:gŏtlinden) *B*
[1076] Die g. *B*
[1077] port abgeschlagen *A*
[1079] edlen *AB*
[1081] D. chnecht bracht er schüchriemē *B*
[1082] and's *B*
[1083] Also *B*

1085 sô hövesch was Helmbreht;
wær er noch sînes vater kneht,
er hêt in lâzen âne schuoch),
dem frîwîbe ein houbettuoch
brâht er und einen bendel rôt:
1090 der zweier was der dierne nôt.

Nû sprechet, wie lange sî
der knabe dem vater bî?
siben tage, daz ist wâr.
diu wîle dûhte in ein jâr,
1095 daz er niht enroubte.
zehant er urloubte
von vater und von muoter.
‚neinâ, lieber sun vil guoter,
ob dû trûwest geleben
1100 des ich dir hân ze geben
immer unz an mîn ende,
sô sitz und twach dîne hende;
gâ niuwan ûz unde in.
sun, tuo die hovewîse hin;
1105 diu ist bitter und ist sûr.
noch gerner bin ich ein gebûr
danne ein armer hoveman
der nie huobegelt gewan

1085 Also gar *B*
hůbsch *A*, hồbpsch *B*
1086 Vnd wår *B*   seins *B*
vaters *A*
1088 Freyweib *AB*   haubt t. *AB*
1089 ain *B*
1090 die zway warn *A*
di(e)rn *AB*
1091 *Init. fehlt A*
1092 chnappe alda dem *B*
1093 tag *B*

1094 daucht *AB*   in wol ain *B*
1095 raubete (:vrlaubete) *A*
1101 vnd ymmer an *A*
1102 sitze *A*   zwach *A*   dein *AB*
1103 Gee nur *A*   Ge nū wan *B*
vnd *AB*
1104 hofweyse *AB*
1105 vnd saur *B*
1106 pawr *A*
1107 Dann *AB*   hofman *B*
1108 hüb gelt *B*

45

und niuwan zallen zîten
1110 ûf den lîp muoz rîten
den âbent und den morgen
und muoz dar under sorgen,
swenne in sîne vînde vâhen,
stümbeln unde hâhen.'

1115 ‚Vater', sprach der junge,
‚dîner handelunge
der solt dû immer haben danc.
doch sît ich niht wînes tranc,
des ist mê danne ein woche:
1120 des gürt ich drîer loche
an der gürtel mîn hin hinder.
ich muoz et haben rinder,
ê diu rinke gestê
an der stat, dâ si was ê.
1125 ez werdent phlüege gesûmet
und rinder ûf gerûmet,
ê mir der lîp geraste
und aber wider gemaste.
mir hât ein rîcher getân
1130 sô leide, daz mir nie man
alsô vil getân hât:
über mînes toten sât
sach ich in eines rîten.
möht et ers erbîten,

¹¹⁰⁹ nun *A*, nū wan *B*
 zu (ze) allen *AB*
¹¹¹³ wenn *AB* sein *AB* Veint *A*
¹¹¹⁴ stumblen vnd *A*,
 Vnd stúmmeln od' *B*
¹¹¹⁵ Init. *fehlt A*
¹¹¹⁶ hanndl. *A*
¹¹¹⁸ seint *B* wein *B*
¹¹¹⁹ Das *B* mer *A*
 dann *AB* aine *B*
¹¹²¹ gůrtl *A* mîn *fehlt B*
¹¹²³ mir geste *B*
¹¹²⁵ pflüg *B*
¹¹²⁹ richt' *B*
¹¹³¹ als *A* vil zelaid get. *B*
¹¹³² meins *B*
 tôten *A (stets)*, gôten *B*
¹¹³⁴ mocht *A* et *fehlt B*

46

1135 er giltet mir mit houfen:
sîniu rinder müezen loufen,
sîniu schâf, sîniu swîn.
daz er dem lieben toten mîn
alsô zetrat sîn arebeit,
1140 daz ist mir ineclîchen leit.
noch weiz ich einen rîchen man
der hât mir leide ouch getân:
der âz zuo den krâphen brôt.
rich ich daz niht, so bin ich tôt.
1145 noch weiz ich einen rîchen,
daz mir sicherlîchen
deheiner leider nie getete.
durch eines bischoves bete
wold ich ez niht enlân,
1150 daz er mir leides hât getân.'

Der vater sprach: ‚waz ist daz?‘
‚er lie die gürtel wîter baz,
do er saz ob sînem tische.
hei swaz ich des erwische
1155 daz dâ heizet sîn,
daz muoz allez wesen mîn!
daz im ziuhet phluoc und wagen,
daz hilfet mir, daz ich sol tragen
gewant ze wîhennahten.

[1136] Sein *B*
[1137] schäf vnd s. sw. *B*
[1138] gôte *B*
[1139] betrat *B*   arbait *A*
[1141] *Init. B*
[1142] Der mir auch l. h. g. *B*
   laid *A*
[1143] auß *B*   dem *B*
[1144] riche *A*
[1145] *Init. B*

[1147] getet (:pet) *AB*
[1148] Bischofs *A*
[1149] ichs *A*   lan *A*
[1151] *Init. fehlt A*
[1152] Gůrtl *A*   g. nidʳ b. *B*
[1153] tisch (:erwisch) *A*
[1154] Ey *B*   was *AB*
[1159] zu weinachten *A*,
   zu disen w. *B*

1160 swie ich daz mac betrahten,
wes wænt et er vil tumber gouch
zewâre und etelîcher ouch
der mir hât herzenleit getân?
liez ich daz ungerochen stân,
1165 sô wær ich niht ein frecher.
der blies in einen becher
den schûm von dem biere.
und ræch ich daz nicht schiere,
sô wurd ich nimmer frouwen wert
1170 zewâre und solde ouch nimmer swert
gürten umb mîne sîten.
man hœrt in kurzen zîten
von Helmbrehte mære,
daz wîter hof wirt lære:
1175 vind ich niht den selben man,
sô trîb ich doch diu rinder dan.'

Der vater sprach: ‚nû nenne mir,
daz ichz immer diene hin ze dir,
dîne gesellen, die knaben,
1180 die dich daz gelêret haben,
daz dû dem rîchen manne
sîne habe nemest danne,
so er zuo den krâphen izzet brôt.

[1160] getrachten *B*
[1161] wǎnet *AB* et *fehlt B*
[1162] zwar *AB*
 ettl(e)icher *AB*
[1163] mir h. l. hat *A*
[1166] Er bl. *B*
[1168] und *fehlt B*
[1169] wurde *A*
[1170] zwar vnd solt auch *A*,
 Odʻ ich solte *B*
[1171] Gegúrten *B* mein *A*

[1172] hort *A*, hǒret *B*
[1173] Helmprechten *A*,
 helmprechtē *B*
[1175] vinde *A*, Vnd vind *B*
[1176] treibe *A*
[1177] nu *A*, sun *B*
[1178] Das dien ich ymmʻ gegē dir *B*
[1179] Dein *B* d. bǒsen chn. *B*
[1180] geleʻt *B*
[1182] habest *A*
[1183] dem *B*

die nenne mir, des ist mir nôt.'

1185 Er sprach: ‚deist mîn geselle Lemberslint
und Slickenwider: die zwêne sint
von den ich hân dise lêre.
noch nenne ich dir mêre:
Hellesac und Rütelschrîn,
1190 daz sind die schuolmeister mîn,
Küefrâz und Müschenkelch.
nû sich, herre vater, welch
knaben sint an der schar.
die sehs hân ich genennet gar.
1195 mîn geselle Wolvesguome,
swie liep im sî sîn muome,
sîn base, sîn ôheim und sîn veter,
und wær ez hornunges weter,
er lât niht an ir lîbe
1200 dem manne noch dem wîbe
einen vadem vor ir schame,
den fremden und den kunden same.
mîn geselle Wolvesdrüzzel
ûf tuot er âne slüzzel
1205 alliu sloz und îsenhalt.
in einem jâr hân ich gezalt
hundert îsenhalt grôz,
daz ie daz sloz dannen schôz,

1185 *Init. fehlt A* daz ist *fehlt B*
1186 sleich wid' *B*
1188 nenn *B*
1189 Helle sach *B*
1193 Chnappen das sint *B*
1194 Sechsse *A*
1195 Wolffsgůme *A*,
 wolfsgüm (:müm) *B*
1197 bas *B* vn̄ vett' *B*
1200 noch *B*, vnd *A*
1201 vor *B*, an *A*
 scham (:sam) *AB*
1202 Dem f. vnd k. *B*
1203 Vnd mein *B*
 Wolfstrůssel *A*,
 wolf drůssel *B*
1206 Jare *A* zezalt *B*
1208 danne *A*

als er von verren gie dar zuo.
1210 ros, ohsen unde manec kuo,
ungezalt diu sint beliben,
diu er ûz hove hât getriben,
daz ie daz sloz von sîner stat
schôz, swenne er dar zuo trat.
1215 noch hân ich einen compan,
daz nie knappe gewan
einen namen alsô hovelîch;
den gap im diu herzoginne rîch,
diu edele und diu frîe,
1220 von Nônarre Narrîe:
der ist geheizen Wolvesdarm.
ez sî kalt oder warm,
roubes wirt er nimmer vol.
diupheit tuot im sô wol,
1225 der enwirt er nimmer sat.
einen fuoz er nie getrat
ûz der übele in die güete.
im strebet sîn gemüete
gegen der übeltæte,
1230 als diu krâ tuot zuo der sæte.'

Der vater sprach: ‚nû sage mir,
wie sie sprechen hin ze dir
ieclîch dîn geselle,

¹²¹⁰ vnd *AB*   manige *A*
¹²¹¹ die vngezalt *AB*
¹²¹² hôfen *B*
¹²¹⁴ Fůrder schos *B*
   dar tr. *B*
¹²¹⁵ Compån *A*, kumpan *B*
¹²¹⁶ knabe *A*, chnappe me *B*
¹²¹⁷ als *B*   hof(hôf-)leich *AB*
¹²¹⁹ edle *A*, edel *B*
¹²²⁰ Nonarre nareÿe *A*,

nauarre hylarye *B*
¹²²¹ Wolfstarm *AB*
¹²²⁴ also *B*
¹²²⁵ wirt *B*
¹²²⁷ der *fehlt B*   Vbel *AB*
¹²²⁸ strebt *A*, strebt ot *B*
¹²²⁹ Vbeltate (:sate) *A*,
   úblen tåte *B*
¹²³¹ *Init. fehlt A*   sag *A*
¹²³² Lieb' sun wie sprechn̄s dir *B*

sô er dir rüefen welle.'
1235 ‚Vater mîn, daz ist mîn name
des ich mich nimmer geschame:
ich bin genant Slintezgeu.
die gebûren ich vil selten freu
die mir sint gesezzen.
1240 ir kint müezen ezzen
ûz dem wazzer daz koch.
leider tuon ich in noch:
dem ich daz ouge ûz drucke,
disen hâhe ich in den rucke,
1245 disen bind ich in den âmeizstoc,
enem ziuhe ich den loc
mit der zangen ûz dem barte,
dem andern rîz ich die swarte,
enem mülle ich die lide,
1250 disen henk ich in die wide
bî den sparrâdern sîn.
daz die bûren hânt deist mîn.
swâ unser zehen rîten,
ob unser zweinzec erbîten,
1255 daz ist umb alle ir êre,
ob ir noch wære mêre.'

Er sprach: ‚sun, die dû dâ nennest,
swie wol dû si erkennest

1234 dich *A*
1235 ain nam *B*   nam (:geschâm) *A*
1236 m. vil wenich scham *B*
1237 genennet *B*   slintzgew *AB*
(*stets, nur* 1393, 1682
slintesgew *A*)
1238 gepaurn *A*   ich wenich fr. *B*
1240 kinder *B*
1242 Dar zu tün ich in l. n. *B*
1243 aug *B*   druck (:ruck) *B*
1244 hahe *A*, plew *B*
1245 Den *B*
1246 Disem *B*   zeuch *AB*   seinē l. *B*
1247 zannge *A*
1249 einem *AB*
múll i. d. lid (:wid) *B*
1250 hengk *A*, heng *B*
1252 gepaurn *A*   habnt *B*
das ist *AB*
1255 all *B*

baz danne ich, vil liebez kint,
1260 doch swie ræze si dâ sint,
sô got wil selbe wachen,
sô kan ein scherge machen,
daz si tretent swie er wil,
wær ir noch drî stunt als vil.'

1265 Er sprach: ‚Vater, daz ich ê tete,
hin für durch aller künege bete
wold ich sîn nimmer tuon.
manege gans und manec huon,
rinder, kæse und fuoter
1270 hân ich dir und mîner muoter
gefridet vor mînen gesellen vil,
des ich nû nimmer tuon wil.
ir sprechet al ze sêre
frumen knaben an ir êre
1275 der deheiner nimmer missetuot,
er roube, er stele: daz ist guot.
hêt irz niht verkallet
noch sô vil ûf uns geschallet,
iuwer tohter Gotelinde
1280 die wold ich Lemberslinde,
mînem gesellen, hân gegeben;
sô hête si daz beste leben,
daz ie wîp bî einem man
ze der welde ie gewan.
1285 kürsen, mandel, lînwât,
als ez diu kirche beste hât,

[1259] dann *AB*
[1261] selber *A*, selb *B*
[1265] *Init. fehlt A*   tet (:pet) *AB*
[1267] Wil ich *B*
[1268] manig g. *AB*
[1269] kås *B*

[1272] nū nicht entün *B*
[1273] Du sprichest als zu s. *B*
[1276] raub *B*   ist *fehlt A*
[1279] -linden (:slinden) *AB* (*stets*)
[1282] het *A*
[1284] Inder *B*

des gæb er ir den vollen hort,
hêt ir sô scherphiu wort
gegen uns niht gesprochen.
1290 und woldes alle wochen
ein iteniuwez slegerint
ezzen, daz hête Gotelint.'

,Nû hœre, swester Gotelint:
dô mîn geselle Lemberslint
1295 mich von êrste umb dich bat,
dô sprach ich an der selben stat:
„ist ez dir beschaffen und ouch ir
daz soltu wol gelouben mir,
daz ez dich niht sol riuwen.
1300 ich weiz si in den triuwen,
des wis gar âne angest,
daz dû iht lange hangest,
si slahe dich mit ir hant abe
und ziuhet dich zuo dem grabe
1305 ûf die wegescheide;
wîrouch und mirre die beide,
vil sicher dû des wesen maht,
dâ mite si dich alle naht
umbegât ein ganzez jâr:
1310 daz wizze, Lemberslint, für wâr,
si rouchet dîn gebeine,
diu guote und diu reine.

1287 geb *A*
1288 schårpfleiche *B*
1290 wolt sy *AB*
1291 ytneus *A*   slegrint *B*
1292 *fehlt B*   het *A*
1295 erst *B*
1298 solt du *A*
1299 bereuwē *B*
1301 ŏn *A*, ăn *B*
    angst (:hangst) *A*

1302 nicht *B*
1303 slach *AB*   ab (:grab) *B*
1304 zeucht *AB*   dich selb zdem *B*
1305 wegschaide *AB*
1306 Weyrach *A*   baiden *B*
1308 damit *AB*
1309 vmb geet *A*, Vmbe get *B*
1310 D. gelaub mir f. w. *B*
    Lemberslint *fehlt AB*
1312 güt *B*

ob dir diu sælde widervert,
daz dir blintheit wirt beschert,
1315 si wîset dich durch alliu lant
wege und stege an ir hant.
wirt dir der fuoz abe geslagen,
si sol dir die stelzen tragen
ze dem bette alle morgen.
1320 wis ouch âne sorgen,
ob man dir zuo dem fuoze
der einen hende buoze,
si snîdet dir unz an dînen tôt
beide vleisch unde brôt."
1325 ‚Wider mich sprach dô Lemberslint:
„nimt mich dîn swester Gotelint,
ze morgengâbe wil ich ir geben,
daz si dester baz mac leben.
ich hân voller secke drî,
1330 die sint swære als ein blî.
der eine ist vol unversniten
klein lînîn tuoch in den siten,
swer sîn ze koufe gert,
diu elle ist fünfzehen kriuzer wert:
1335 die gâbe sol si prîsen.
in dem andern ligent rîsen,
vil röckel unde hemde.
armuot wirt ir fremde,
wird ich ir man und si mîn wîp;

¹³¹⁴ die plinth. *A*
¹³¹⁶ weg vnd steg *AB*
¹³¹⁷ ab *AB*
¹³²⁰ ăn alle s. *B*
¹³²⁴ vnd *A*
¹³²⁷ morgengab *AB*
¹³³⁰ swĕr als *A*, swăr sam *B*
¹³³¹ ain *B*

¹³³² leynen *A*
¹³³³ sein da zuhofe g. *B*
¹³³⁴ Die ell wâr f. hall' w. *B*
  ist wol f. *A*
¹³³⁷ vnd *A*, vnd dar zü *B*
  hemede (:frembde) *A*
¹³³⁸ ir vil f. *B*

1340 daz gib ich ir allez an ir lîp
zewâre an dem næhsten tage
und immer mê swaz ich bejage.
der dritte sac der ist vol,
ûf und ûf geschoppet wol,
1345 fritschâl, brûnât, vêhe veder,
dar under zwô der ietweder
mit scharlât ist bedecket
und dâ für gestrecket
einez, heizet swarzer zobel.
1350 die hân ich in einem tobel
hie nâhen bî verborgen;
die gib ich ir morgen."
‚Daz hât dîn vater undervarn.
Gotelint, got müeze dich bewarn:
1355 dîn leben wirt dir sûwer.
sô dich nû ein gebûwer
nimt ze sîner rehten ê,
sô geschach nie wîbe alsô wê.
bî dem muostu niuwen,
1360 dehsen, swingen, bliuwen
und dar zuo die ruoben graben:
des hêt dich alles überhaben
der getriuwe Lemberslint.
owê, swester Gotelint,
1365 diu sorge muoz mich smerzen,
sol an dînem herzen

1340 an jren l. *A*
1341 zwar *A*, Zware *B*
1342 mer *AB*
1343 sack ist auch v. *B*
1344 geladen *B*
1345 fritschat *B*   vech *B*
1347 schatlar *A*, scharlach *B*
1350 ich hie pey ī ainē kobel *B*
1351 Nahen hie v. *B*
1354 müs *B*
1355 saur (:gebaur) *AB*
 (*ebenso* 1367. 68)
1358 weib *AB*   als *A*, so *B*
1359 dem so m. *B*
1360 vnd pleůen *A*
1365 Dein s. *B*

55

       als unedel gebûwer,
       des minne dir wirt sûwer,
       immer naht entslâfen!
1370   wâfen, herre, wâfen
       geschrirn über den vater dîn!
       ja enist er niht der vater mîn:
       für wâr wil ich dir daz sagen.
       dô mich mîn muoter hêt getragen
1375   fünfzehen wochen,
       dô kom zuo ir gekrochen
       ein vil gefüeger hoveman;
       von dem erbet mich daz an
       und ouch von dem toten mîn
1380   (die bêde müezen sælec sîn!),
       daz ich alle mîne tage
       mînen muot sô hôhe trage.'

       Dô sprach sîn swester Gotelint:
       ‚jâ wæne ouch ich daz ich sîn kint
1385   von der wârheit iht ensî.
       ez lac mîner muoter bî
       geselleclîche ein ritter kluoc,
       dô si mich in dem barme truoc.
       der selbe ritter si gevie,
1390   dô si den âbent spâte gie
       suochen kelber in dem lôhe:

¹³⁶⁷ vnedl *A*
¹³⁷¹ geschryern *A*, Geschriren *B*
¹³⁷² Ja ist *A*
¹³⁷⁴ tragē *B*
¹³⁷⁷ hofman *AB*
¹³⁷⁸ dem so e. *B*
¹³⁷⁹ den gŏtten *B*
¹³⁸⁰ baide *B*
¹³⁸³ Init. *fehlt A*

¹³⁸⁴ wann *A*, wen *B*
       daz ich *fehlt A*
¹³⁸⁵ nicht *B*
¹³⁸⁷ geselliclich *A*,
       Gesellechleich *B*
¹³⁸⁸ an d. arme *AB*
¹³⁸⁹ herre *B*
¹³⁹⁰ des abendes *B*
¹³⁹¹ inden loch *B*

des stât mîn muot sô hôhe.'
,Lieber bruoder Slintezgeu,
daz dich mîn trähtîn gefreu!'
1395 sprach sîn swester Gotelint,
,schaffe, daz mir Lemberslint
werde gegeben ze manne;
sô schrîet mir mîn pfanne,
sô ist gelesen mir der wîn
1400 und sint gefüllet mir diu schrîn,
sô ist gebrouwen mir das bier
und ist wol gemalen mier.
werdent mir die secke drî,
sô bin ich armüete frî,
1405 sô hân ich ze ezzen und ze hül
(sich waz mir gewerren sül!),
sô bin ich alles des gewert
des ein wîp an manne gert.
ouch trûwe ich in gewern wol
1410 des ein man haben sol
an einem starken wîbe:
daz ist an mînem lîbe;
swaz er wil daz hân ich.
ez sûmet wan mîn vater mich.
1415 wol drîstunt ist vester
mîn lîp dan mîner swester:
dô man si ze manne gap,
des morgens gie si âne stap
und starp niht von der selben nôt.

1392 stet *AB*
auch mir mein müt hoch *B*
1393 Vil l. *B*
1396 Nū sch. *B*
1397 Gegebē w'd *B*
geben ze einem m. *A*
1398 schreyt *A*   die pf. *B*

1402 ist auch w. *B*
1404 armût *A*
1406 gewern *A*
1408 Das *B*   an ainē m. *B*
1409 traw *B*   in *fehlt A*
1414 wan] nůn *A, fehlt B*
1418 starp *A*

1420 ich wæne ouch wol, daz mir der tôt
dâ von iht werde ze teile,
ez sî dan von unheile.
bruoder mîn, geselle,
daz ich mit dir reden welle,
1425 durch mînen willen daz verswîc.
ich trit mit dir den smalen stîc
an die kienlîten:
ich gelige bî sîner sîten.
nû wizze daz ich wâge
1430 vater, muoter und mâge.'

Der vater niht der rede vernam
noch diu muoter alsam.
der bruoder wart ze râte
mit der swester vil drâte,
1435 daz si im volgete von dan.
‚ich gibe dich dem selben man,
swie leit ez dînem vater sî;
dû geligest Lemberslinde bî
wol nâch dînen êren.
1440 dîn rîchtuom sol sich mêren.
wilt dûz, swester, enden,
ich wil dir her wider senden
mînen boten dem dû volgen solt.
sît dû im bist und er dir holt,
1445 iu beiden sol gelingen
vil wol an allen dingen.
ouch füege ich solhe hôchzît,

1420 wån *A*, traw *B*
1421 werd *B*
1425 v'sweige (:stige) *B*
1428 gelig *AB*
1431 *Init. fehlt A*   red *B*
1435 volgte *B*

1436 gib *AB*
1438 lempslinden *B*
1440 reichait *B*
1441 wiltu des *B*
1445 beden *A*
1447 füg *B*   sôlche *B*, dein *A*

daz man durch dînen willen gît
wambîs unde röcke vil;
1450 für wâr ich dir daz sagen wil.
swester, nû bereite dich;
Lemberslint sam tuot er sich.
got hüete dîn; ich wil dâ hin.
mir ist der wirt als ich im bin.
1455 muoter, got gesegene dich!'
Hin fuor er sînen alten strich
und sagte Lemberslinde
den willen Gotelinde.
vor freuden kust er im die hant,
1460 umbe und umbe an sîn gewant,
er neic gegen dem winde
der dâ wâte von Gotelinde.

Nû hœrt von grôzer freise.
manec witewe unde weise
1465 an guote wart geletzet
und riuwec gesetzet,
dô der helt Lemberslint
und sîn gemahel Gotelint
den briutestuol besâzen.
1470 swaz si trunken und âzen,
daz wart gesamnet wîten.
bî den selben zîten
vil unmüezec si beliben:

1449 vnd *AB*
1455 gesegen *AB*
1460 vmb vnd vmb (vn̄ vm̄) *AB*
 seinē *B*
1461 naigte *A*
1462 wåete *A*, wåte *B*
1463 *Init. fehlt A* ho(ð)ret *AB*
1464 witbe *A*, wittwe *B* vnd *AB*

1465 güt *B*
1466 r. gar ges. *B*
1469 Preutstůl *A*, brautstül *B*
1470 sy da dr. *B*
1471 gesammet *AB*
1472 Zu d. s. *B*
1473 beleiben *B*

59

　　　　　die knaben fuorten unde triben
1475　ûf wägen und ûf rossen zuo
　　　　　beide spâte unde fruo
　　　　　in Lemberslindes vater hûs.
　　　　　dô der künec Artûs
　　　　　sîn frouwen Ginovêren nam,
1480　diu selbe hôchzît was lam
　　　　　bî der Lemberslindes:
　　　　　si lebten niht des windes.
　　　　　dô ez allez wart gereht,
　　　　　sînen boten sante Helmbreht,
1485　der vil balde gâhte
　　　　　und im die swester brâhte.

　　　　　Dô Lemberslint hêt vernomen,
　　　　　daz Gotelint was komen,
　　　　　balde er gegen ir gienc.
1490　hœret wie er si enphienc:
　　　　　‚willekomen, frou Gotelint!'
　　　　　Si sprach: ‚got lône iu, her Lemberslint!'
　　　　　friuntlîche blicke
　　　　　under in beiden dicke
1495　gegen einander giengen entwer:
　　　　　er sach dar, si sach her.
　　　　　Lemberslint schôz sînen bolz
　　　　　mit gefüegen worten stolz
　　　　　gegen Gotelinde;

1474 vnd *AB*
1475 vnd fuerten auf r. z. *A*
1476 spat vnd *AB*
1484 senndet *A*, sant *B*
　　　Helemprecht *A*
1485 Das er v. b. gâhte
　　　(:brâchte) *B*
1486 sein sw. *B*

1487 *Init. fehlt A*   L. das h. v. *B*
1489 Wunder bald *B*
1490 Nū h. *B*
1492 Si *fehlt A*   lon *A*, lăn *B*
　　　her *fehlt A*
1493 Vil fr. *B*
1499 Gein jŭckfraw g. *B*

1500 daz galt si Lemberslinde
ûz wîplîchem munde,
sô si beste kunde.
    Nû sul wir Gotelinde
geben Lemberslinde
1505 und sulen Lemberslinde
geben Gotelinde.
ûf stuont ein alter grîse,
der was der worte wîse;
der kunde sô getâniu dinc.
1510 er staltes beide in einen rinc.
er sprach ze Lemberslinde:
,welt ir Gotelinde
êlîchen nemen, sô sprechet jâ!'
,gerne' sprach der knabe sâ.
1515 er frâget in aber ander stunt:
,gerne' sprach des knaben munt.
zem dritten mâle er dô sprach:
,nemt ir si gerne?' der knabe jach:
,sô mir sêle unde lîp
1520 ich nime gerne ditze wîp.'
dô sprach er ze Gotelinde:
,welt ir Lemberslinde
gerne nemen zeinen man?'
,jâ, herre, ob mir sîn got gan.'
1525 ,nemt ir in gerne?' sprach aber er.
,gerne, herre, gebt mirn her!'

[1503] Wir solln̄ *A*
[1505] [1506] *fehlen A*
[1507] alt greyser (:weyser) *B*
[1509] Er chunde *B*   dinge (:ringe) *A*
[1510] stellet sy *A*, stalt sy *B*
      baid an ainē r. *B*
[1512] ir frawn g. *B*
[1514] gern *A* (*stets*)

[1515] fragt *B*
[1516] spr. ab' d. *B*
[1517] ze dem *AB (ebenso 1527)*
[1519] se(e)l vnd *AB*
[1520] nym *AB*   ditz *AB*
[1522] Vnd welt *B*
[1523] zu ainem (ainē) *AB*
[1526] mir jn *AB*

zem dritten mâle: ‚welt irn?'
‚gerne, herre, nû gebt mirn!'
dô gap er Gotelinde
1530 ze wîbe Lemberslinde
und gap Lemberslinde
ze manne Gotelinde.
si sungen alle an der stat,
ûf den fuoz er ir trat.
1535   Nû ist bereit daz ezzen.
wir sulen niht vergezzen,
wir schaffen ambetliute
dem briutegomen und der briute.
Slintezgeu was marschalc,
1540 der fulte den rossen wol ir balc;
sô was schenke Slickenwider.
Hellesac der sazte nider
die fremden und die kunden:
ze truhsæzen ward er funden.
1545 der nie wart gewære,
Rütelschrîn, was kameræere.
kuchenmeister was Küefrâz,
der gap swaz man von kuchen âz,
swie manz briet oder sôt.
1550 Müschenkelch der gap daz brôt.
diu hôchzît was niht arm.
Wolvesguome und Wolvesdarm
unde Wovesdrüzzel

¹⁵²⁷ ze dem dr. mal *AB*
sprach er welt ir in *B*
¹⁵²⁸ Vil g'ne herr *B*
¹⁵³⁰ Dem chnappen lemp. *B*
¹⁵³¹ ¹⁵³² *fehlen B*
¹⁵³⁶ súln *B*
¹⁵³⁷ Ambtleute *AB*
¹⁵³⁸ Preuttigam *A*, breútgaum *B*
¹⁵³⁹ Sleintzgew *B*
¹⁵⁴⁰ fult *B*
¹⁵⁴¹ Do w. *B*
sleichen wider *B*
¹⁵⁴⁴ Trugksaß *A*, druchsåss *B*
w. erfunden *AB*
¹⁵⁵⁰ der *fehlt B*
¹⁵⁵² Wolfs güm vnd wolfs d. *B*
¹⁵⁵³ Vnd der chnappe wolfs
drussel *B*

lârten manege schüzzel
1555 und manegen becher wîten
ze den selben hôchzîten.
vor den knaben swant diu spîse
in aller der wîse,
als ein wint vil drâte
1560 si ab dem tische wâte.
ich wæne ieglîcher æze
swaz im sîn truhsæze
von kuchen dar trüege.
ob der hunt iht nüege
1565 nâch in ab dem beine?
daz tet er vil kleine;
wan ez saget ein man wîse:
‚ieglîch mensche sîner spîse
unmâzen sêre gâhet,
1570 sô im sîn ende nâhet.'
dâ von gâhten si umbe daz:
ez was ir jungestez maz,
daz si immer mê gâzen
oder frœlîche gesâzen.

1575 Dô sprach diu brût Gotelint:
‚owê, lieber Lemberslint,
mir grûset in der hiute!
ich fürhte, daz fremde liute

1554 lârten *A*,
Secht die lârten *B*
1557 v'swand *B*
1561 wân *AB*
1563 trüge (:nüge) *A*,
getrüge *B*
1565 jm *A*
1566 harte chlaine *B*
1567 sagt *AB*
1568 yeglicher *A*, Ain yegleich *B*
mensch *AB*
1570 sein tod *B*
1571 vmb *A*
1572 Wan es *B*
iůngstes *AB* äss *B*
1573 mer *A*
1574 frŏlichen *A*, frŏleich *B*
1575 *Init. fehlt B*
1578 fůrcht *A*, furcht *B*

63

uns ze schaden nâhen sîn.
1580 ey vater unde muoter mîn,
daz ich von iu beiden
sô verre bin gescheiden!
ich fürhte, daz mir wecke
die Lemberslindes secke
1585 vil schaden und unêre:
des fürhte ich vil sêre.
wie wol ich dâ heime wære!
mir ist der muot sô swære.
mînes vater armuot
1590 næme ich michels baz für guot
danne ich bin mit sorgen hie.
wan ich hôrte sagen ie
die liute al gemeine,
daz dem wurde vil kleine,
1595 der ze vil welle.
diu girischeit ze helle
in daz abgründe
vellet von der sünde.
ich verdenke mich ze spâte;
1600 owê daz ich sô drâte
gevolget her mînem bruoder hân!
des muoz ich riuwec bestân.'
Dar nâch vil schiere sach diu brût,
daz si dâ heime ir vater krût
1605 hêt gâz ob sînem tische
für Lemberslindes vische.

[1580] Eya *B*   vnd *AB*
[1583] fůrcht *A*
[1586] vil *A*, ha'te *B*
[1587] da da haymē *B*
[1590] Nåm *B*
[1591] dann *A*, Danne das *B*
[1592] hort *A*

[1593] leút *B*
[1594] wurd *B*
[1596] girscheit *A*, geitichait *B*
[1599] verdenck mich nū *B*
[1600] ich mich so *A*, ich da so *B*
[1603] schier *B*
[1604] da haym irs *B*

dô si nâch dem ezzen
wâren eine wîle gesezzen
und die spilliute
1610 enphiengen von der briute
ir gâbe und von dem briutegomen,
dar nâch zehant sach man komen
den rihter selpfünfte.
mit der sigenünfte
1615 gesigete er den zehen an.
der in den oven niht entran,
der slouf under die banc;
ieglîcher für den andern dranc.
der ê viere niht enflôch,
1620 des schergen kneht al eine in zôch
her für bî dem hâre.
daz sag ich iu für wâre:
ein rehter diep, swie küene er sî,
slüege er eines tages drî,
1625 daz er sich vor dem schergen
nimmer mac erwergen.
sus wurden si gebunden
die zehen an den stunden
mit vil starken banden
1630 von des schergen handen.
Gotelint verlôs ir briutegewant;
bî einem zûne man sie vant

1608 ein *A*   ain weil *B*
1611 gab *B*
    preuttigamen *A*,
    preútgaumen *B*
1612 Sa zuhand do s. *B*
    kamen *A*
1613 selb fúnften (:sigenüften) *B*
1614 signunffte *A*
1615 gesigt(e) *AB*
1617 slof *A*   slauf aber vnd᷑ *B*

1619 vier *B*
1620 den allain z. *B*
1623 ků(e)n *AB*
1624 slůeg *A*, Vnd slüg *B*
1625 scheren *A*
1626 mag *A*, kan *B*
    erweren *AB*
1631 preŭtlich gew. *A*,
    preut gew. *B*

in vil swacher küste.
si hêt ir beide brüste
1635 mit handen verdecket:
si was unsanfte erschrecket.
ob ir anders iht geschæhe?
der sage ez der daz sæhe.
got ist ein wunderære,
1640 daz hœret an dem mære.
slüege ein diep al eine ein her,
gein dem schergen hât er keine wer:
als er den von verren siht,
zehant erlischet im daz lieht,
1645 sîn rôtiu varwe wirt im gel;
swie küene er wære und swie snel,
in væht ein lamer scherge.
sîn snelheit und sîn kerge
die sint im alle gelegen,
1650 sô got der râche wil selbe phlegen.
  Nû hœrt daz mære mit sprüchen,
wie die diebe krüchen
für geriht mit ir burden
dâ si erhangen wurden.
1655 Gotelint wart ungefreut,
dô Lemberslinde zwô rinderheut
wurden an den stunden
ûf sînen hals gebunden.

[1633] koste *A*, kost *B*
[1634] baider *A*
  prûste *A*, brust *B*
[1635] Mit ir h. ged. *B*
[1636] vnsanft *B*
[1638] Das sage dˢ *B*
  sag *A*
[1640] horet *A*
[1641] Slüg *B* allain *AB*
[1642] gegen *A* dhain *A*, nicht *B*

[1645] varb *A*
[1646] ků(e)n *AB* er ee ware *A*
[1647] vacht *A*
[1648] schnellikait *A*
[1650] rach *B* selber *AB*
[1651] hŏret *A* måre *A*, ward *B*
[1656] Lemperslinden *A*,
  lemperslind *B*
  Rinders h. *A*

66

     sîn burde was diu ringest.
1660 dâ von truog er daz minnest,
     durch des briutegomen êre.
     die andern truogen ie mêre:
     ez truoc sîn geswîe
     rûher hiute drîe
1665 vor dem schergen, daz was reht:
     daz was Slintezgeu Helmbreht.
     ieglîch truoc sîn burde mit im hin;
     daz was des rihters gewin.
     dô wart fürsprechen niht gegeben.
1670 der in lengen wil ir leben,
     dem kürze got daz sîne:
     daz sind die wünsche mîne.
     ich weiz den rihter sô gemuot:
     ein wilder wolf, gæbe im der guot,
1675 bizze er'm und allen liuten vihe
     – von der wârheit ich des gihe –,
     lieze er in umbe guot genesen,
     swie des doch niht solde wesen.
      Der scherge dô die niune hie;
1680 den einen er dô leben lie
     (daz was sîn zehende und sîn reht):
     der hiez Slintezgeu Helmbreht.
     swaz geschehen sol daz geschiht.
     got dem vil selten übersiht,
1685 der tuot des er niht tuon sol.
     daz schein an Helmbrehte wol,

[1659] burd *B*
[1661] des preŭttigams *A*, das brautgaums *B*
[1662] trŭg ye mer vnd mere *A*
[1663] Geswey (:drey) *A*
[1664] haut *B*
[1667] Yegl(e)icher *AB* sein dieb *B*
[1669] vorspr. *AB* gebn̄ *B*
[1674] gab *A*, gåb *B*
[1675] bis (Piss) Er Jm *AB* vich *B*
[1676] das gich *B*
[1677] [1678] *fehlen A*
[1677] lies in vmb *B*
[1680] Den zehn̄den er *B*
[1681] Der was *B* zehen(d)t *AB*
[1686] helmprechtē *B*

67

an dem man den vater rach:
der scherge im ûz diu ougen stach.
dannoch der râche was niht genuoc:
1690 man rach die muoter, daz man im sluoc
abe die hant und einen fuoz.
dar umbe daz er swachen gruoz
vater unde muoter bôt,
des leit er schande unde nôt.
1695 dô er sprach ze dem vater sîn:
‚waz snacket ir gebûrekîn?'
und sîn muoter hiez ‚gunêrtez wîp':
von den sünden leit sîn lîp
dise maneger slahte nôt,
1700 daz im tûsent stunt der tôt
lieber möhte sîn gewesen
dan sîn schamelîch genesen.

Helmbreht, der diep blinde,
schiet von Gotelinde
1705 ûf einer wegescheide
mit riuwe und mit leide.
den blinden diep Helmbreht
brâhte ein stap und ein kneht
heim in sînes vater hûs.
1710 der behielt in niht: er treip in ûz,
sîne swære er im niht buozte.

¹⁶⁸⁸ D. scherg im die augē aus
stäch B
¹⁶⁸⁹ was nach dannoch A,
nach niht B rach B
¹⁶⁹¹ ab AB
¹⁶⁹² darumb AB er fehlt A
¹⁶⁹³ ¹⁶⁹⁴ vnd AB
¹⁶⁹⁶ sagent A, sagt B
gepůrikein A
¹⁶⁹⁷ Vnd hies sein m. B
geunertes A, vngertes B

¹⁶⁹⁸ fehlt B
¹⁶⁹⁹ dise fehlt A
manger AB slachten B
¹⁷⁰¹ môcht B
¹⁷⁰² schåml(e)ich AB
¹⁷⁰⁵ wegschaide A,
wegwågschaide B
¹⁷⁰⁷ Den d. plinden A
¹⁷⁰⁸ bracht AB
¹⁷¹⁰ er beh. A, dˢ hielt B
¹⁷¹¹ sein AB swår B

68

hœret wie er in gruozte:

,Deu sal, her blinde!
dô ich was ingesinde
1715 ze hove wîlen (des ist lanc),
dô lernte ich disen antvanc.
gât ir nû, her blindekîn!
ich weiz wol, daz an iu mac sîn
swes ein juncherre gert,
1720 ir sît ouch dâ ze Walhen wert.
den gruoz sult ir von mir haben,
alsô grüeze ich blinde knaben.
waz touc langez teidinc?
got weiz, her blinder jungelinc,
1725 die herberge ir mir rûmet.
ist daz ir iuch sûmet,
ich lâze iuch mînen frîman
slahen, daz nie blinde gewan
von slegen alsolhe nôt.
1730 ez wære ein verworhtez brôt,
daz ich hînt mit iu verlür.
ir hebt iuch ûz für die tür!'
,Neinâ, herre, lât mich betagen!'
sprach der blinde. ,ich wil iu sagen
1735 wie ich bin genennet;

¹⁷¹² Hôrt B
¹⁷¹³ *Init. fehlt* B   Deuol A, Deus sal B
¹⁷¹⁴ Wes seit ir inges. B
¹⁷¹⁵⁻¹⁷²⁰ *fehlen* B
¹⁷¹⁸ an ew wol mag gesin A
¹⁷¹⁹ Wes ein plinder knabe gert A
¹⁷²⁰ Junckherre jr A
¹⁷²¹ solt A, súlt B
¹⁷²² grů(e)s AB
¹⁷²³ taugt B   teding A
¹⁷²⁴ jůngling A
¹⁷²⁵ h'berg ir r. B
¹⁷²⁷ laß euch A, hais ew B
¹⁷²⁸ plind B
¹⁷²⁹ sôlhe A
¹⁷³⁰ wår B
¹⁷³¹ heinte A
¹⁷³² euch aus balde A, ew hin auß B
¹⁷³³ Naine A   herr B
¹⁷³⁴ blind B

durch got mich erkennet!'
er sprach: ‚nû saget drâte;
zoget iuwer, ez ist spâte.
ir sult iu suochen einen andern wirt:
1740 mîn hant mit gâbe iuch gar verbirt.'
   Beide mit leide und mit schamen
seit er dem vater sînen namen.
er sprach: ‚herre, ich binz iuwer kint.'
‚und ist der knabe worden blint
1745 der sich dâ nante Slintezgeu?
nû vorht er niht des schergen dreu
noch alle rihtære,
ob ir noch mêre wære?
hei waz ir îsens âzet,
1750 do ir ûf dem hengste sâzet,
dar umbe ich gap mîniu rinder!
kriechet ir nû blinder,
daz enwirt mir nimmer zorn.
mich riuwet mîn lode und mîn korn,
1755 sît mir sô tiure ist daz brôt.
und læget ir von hunger tôt,
ich gibe iu nimmer umb einen grûz:
ir sult iuch balde heben ûz
und tuot nimmer mêre
1760 ze mir die widerkêre.'

¹⁷³⁸ Zogt aus ez *B*
¹⁷³⁹ ain *B*
¹⁷⁴⁰ M. h. mein gab ew v. *B*
¹⁷⁴¹ Baid m. laid *B*
¹⁷⁴² Sagt *B*
   Vater vnd seinenn n. *A*
¹⁷⁴³ herre *fehlt B* bin *A*
¹⁷⁴⁶ Er *A*, ir *B* d' sch. drow *B*
¹⁷⁴⁸ mer *A*
¹⁷⁴⁹ Ey *B* åsset *B*
¹⁷⁵⁰ So ir auf ew'm hengst sås-
   set *B* hengst *A*
¹⁷⁵¹ darumb *AB* mein *B*
¹⁷⁵² Vnd chr. *B*
¹⁷⁵³ wirt *A*
¹⁷⁵⁴ loden *A* lod vnd k. *B*
¹⁷⁵⁵ tewr *A*, teúr *B*
¹⁷⁵⁶ lågt *A* vor *AB*
¹⁷⁵⁷ gib *AB* ain *B*
¹⁷⁵⁸ bald *A*
¹⁷⁵⁹ getüt *B*

Dô sprach aber der blinde:
,sît ir mîn ze kinde
geruochet nimmer mêre,
durch die gotes êre
1765 sult ir dem tiuvel an gesigen:
lât mich als einen dürftigen
in iuwerm hûse kriechen.
swaz ir einem armen siechen
welt geben in der minne
1770 durch got, daz gebt mir hinne.
mir sind die lantliute gram:
leider nû sît ir mir sam.
ich enmac niht genesen,
welt ir mir ungenædic wesen.'
1775 Der wirt hônlachte,
swie im sîn herze krachte:
er was sîn verch und sîn kint,
swie er doch stüende vor im blint.
er sprach: ,nû fuort ir twerhes die welt;
1780 iuwer meidem gie niht enzelt,
er dravete unde schûfte.
manec herze von iu ersûfte.
ir wârt sô ungehûre,
manec wîp und gebûre
1785 sint von iu alles worden vrî.
nû sprechet ob die troume drî

1763 nymmere *A*
1765 teufl *A*
1767 ewrem *A*   haus *B*
1772 alsam *A*
1773 ich mag *A*, Laid' ich mag *B*
1774 vngnådig *B*
1776 hertz doch chr. *B*
1777 Es w. *B*
1778 Wie es d. stünd *B*

1779 fûeret *A*   das feld *B*
1780 entzelt *A*
1781 draffte vnd *A*
   Er endrabte noch enschúftzte *B*
1782 hertz v. euch erseúftzte *B*
1783 waret *A*   vngehewr (-heúr)
   (:gepaur) *AB*
1785 alle *AB*
1786 nû *fehlt B*

an iu sint bewæret?
noch hœher ez sich mæret,
daz iu wirt wirser danne wê;
1790 ê der vierde troum ergê,
hebt iuch balde für die tür!
kneht, sperre, stôz den rigel für!
ich wil hînte hân gemach.
den ich mit ougen nie gesach,
1795 den behielt ich unz an mînen tôt,
ê ich iu gæbe ein halbez brôt.'
Allez daz er hêt getân
daz itwîzt er dem blinden man,
er was gar sîn schiuhe.
1800 ‚sê blinden, kneht, nû ziuhe
in von mir der sunnen haz!'
er sluoc den kneht: ‚nû habe dir daz!
dînem meister tæt ich same,
wan daz ich mich des schame,
1805 ob ich blinden slüege:
ich bin wol sô gefüege,
daz ichz kan vermîden;
doch mac ez sich verrîden.
hebt iuch, ungetriuwer Rûz,
1810 balde für die tür hin ûz:
ich ahte niht ûf iuwer nôt.'
im gap diu muoter doch ein brôt
in die hant als einem kinde.

¹⁷⁸⁹ dañ *B*
¹⁷⁹⁰ E das d' *B*
¹⁷⁹² sperr sloss r. *B*
¹⁷⁹³ heint *B*, heinacht *A*
¹⁷⁹⁵ hielt *B*   ich e(e) vntz *AB*
¹⁷⁹⁶ gåb *B*
¹⁷⁹⁷ er ye h. *B*
¹⁷⁹⁸ etweyset *A*, itweisst *B*

¹⁸⁰⁰ Sich *AB*
¹⁸⁰² hab *AB*
¹⁸⁰³ Deinē *B*   sam (:scham) *AB*
¹⁸⁰⁴ daz *fehlt A*
¹⁸⁰⁷ ich es *B*
¹⁸⁰⁸ Yedoch mŏcht es *B*
¹⁸⁰⁹ Des hebt *B*   heraus *A*, reus *B*
¹⁸¹⁰ hin *fehlt A*

           Hin gie der diep blinde.
1815   swâ er über velt gie,
       dehein gebûre daz verlie,
       er schrei in an und sînen kneht:
       ‚hâhâ, diep Helmbreht!
       hêtest dû gebûwen alsam ich,
1820   sô züge man nû niht blinden dich!'
       alsô leit er ein jâr nôt,
       unz er von hâhen leit den tôt.
           Ich sage iu wie daz geschach.
       ein gebûre in ersach,
1825   dô er gie zuo einer frist
       durch einen walt umb sîne genist.
       der gebûre kloup dâ wite
       nâch der gebûren site,
       daz was eines morgens fruo.
1830   dem hêt Helmbreht eine kuo
       genomen von siben binden.
       der ersach in alsô blinden:
       er sprach ze sînen holden,
       ob si im helfen wolden.
1835   ‚entriuwen' sprach der eine,
       ‚ich zerre in alsô kleine,
       sam daz in der sunne vert,
       ist daz mir in niemen wert.
       mir und mînem wîbe
1840   zôch er ab dem lîbe

¹⁸¹⁴ deůbe *A*　　　　　　　　¹⁸²⁸ Ander gebauren auch damit *B*
¹⁸¹⁶ gepaur *AB (stets)*　　　　¹⁸³⁰ ein *AB*
¹⁸¹⁷ schrier *B*　　　　　　　　¹⁸³¹ von seinen kinden *A*
¹⁸²⁰ zúg *B*　　　　　　　　　¹⁸³² da Er sach *A*
¹⁸²¹ laide *A*　　　　　　　　¹⁸³⁵ Entraun *A*, Entrewn *B*
¹⁸²² hengen *B*　　　　　　　　ain (:klain) *A*
¹⁸²³ sag *AB*　　　　　　　　¹⁸³⁶ zerr *B*
¹⁸²⁶ sein *AB*　　　　　　　　¹⁸³⁷ sunnē *B*
¹⁸²⁷ weit (:sit) *A*, widt *B*　　¹⁸³⁸ yemā *B*

   unser beider gewant;
   er ist mîn vil rehtez phant.'
   dô sprach der dritte dâ bî:
   ‚ob sîn eines wæren drî,
1845 die wold ich tœten eine.
   er vil unreine,
   er brach mir ûf mînen glêt
   und nam daz ich dâ inne hêt.'
   der vierde der den wite kloup,
1850 der bidemt vor girde als ein loup.
   er sprach: ‚ich briche in als ein huon.
   von allem rehte ich daz tuon:
   er stiez mîn kint in einen sac,
   dô ez slâfende lac;
1855 er want ez in ein bet:
   ez was naht, dô er daz tet.
   dô ez erwachte unde schrê,
   do schutte erz ûz an den snê.
   sîn ende hêt ez dâ genomen,
1860 wær ich im niht ze helfe komen.'
   ‚entriuwen' sprach der fünfte,
   ‚ich freu mich sîner künfte,
   sô daz ich mînes herzen spil
   hiute an im geschouwen wil:
1865 er nôtzoget mir mîn kint.
   wær er noch drî stunt als blint,
   ich sol in hâhen an den ast.
   selbe ich im kûme enbrast

1842 ist nū m. *B*
1848 nam mir was ich darin h. *B*
1849 wyd *A*, witt *B*
1850 pidmet *A* gird sam *B*
1851 brich *AB*
1858 schŭttet *A*, schut *B*
1859 Seinē *B*
1860 hilffe *A*
1861 entrawn *A* spr. do d. *B*
1864 hewt *A* Alhi mit im haben wil *B*
1865 notzogte *B*
1866 Vnd wâr *B* als *fehlt B*
1868 selb *A* kaum *A* koum ich im *B*

beide nacket unde blôz.
1870 wær er als ein hûs sô grôz,
ich wirde an im errochen,
sît er sich hât verkrochen
in disen walt sô tiefen.'
    ‚Dar nâher!' si dô riefen
1875 und kêrten alle rehte
gegen Helmbrehte.
dô si sich wol errâchen
an im mit slegen, si sprâchen:
‚nû hüete der hûben, Helmbreht!'
1880 daz ir dâ vor des schergen kneht
hêt lâzen ungerüeret,
daz wart nû gar zefüeret.
daz was ein griuwelîch dinc:
sô breit als ein phenninc
1885 beleip ir niht bî einander.
siteche und galander,
sparwære und turteltûben,
die genâten ûf der hûben,
die wurden gestreut ûf den wec.
1890 hie lac ein loc, dort ein flec
der hûben und des hâres.
gesagt ich nie iht wâres,
doch sult ir mir gelouben
daz mære von der houben,
1895 wie kleine man si zarte.
ir gesâht nie swarte

[1869] vnd *AB*
[1871] wird *B*
[1872] Seint *B*
[1874] Dar *fehlt A*   rueffen *A*
[1877] rachen *B*
[1878] an im *AB vor* [1877] errâchen
[1879] hüt *B*
[1880] Was *B*   darvor *A*
[1883] greülich *A*, greuleiches *B*
[1886] Sittich *AB*
[1887] sparbare *A*, Spårwar *B*
[1892] ye icht *A*, ye *B*
[1895] chlain *B*   z'zarte *B*

75

   ûf houbet alsô kalwe:
   sîn reidez hâr valwe
   sach man in swachem werde
1900 ligen ûf der erde.
   daz was iedoch vil lîhte:
   si liezen in sîne bîhte
   den müedinc dô sprechen;
   einer begunde brechen
1905 eine brôsmen von der erden:
   dem vil gar unwerden
   gab er si zeiner stiure
   für das hellefiure
   und hiengen in an einem boum.
1910 ich wæne, des vater troum
   daz er sich hie bewære.
   hie endet sich daz mære.

   Swâ noch selpherrischiu kint
   bî vater unde muoter sint,
1915 die sîn gewarnet hie mite.
   begânt sie Helmbrehtes site,
   ich erteile in daz mit rehte,
   in geschehe als Helmbrehte.
   ûf den strâzen und ûf den wegen
1920 was diu wagenvart gelegen:
   die varent alle nû mit fride,

[1897] kale *A*
[1898] das v. *B*
[1899] swacher *A*
[1900] Da ligen *B*
[1901] doch *B*
[1902] in nicht sein *B*
[1905] ein prosem *A*, Ain brosem *B*
[1907] sy ze einer *A*, die zu ain' *B* stewr *A*, steúr *B* (:feúr)
[1909] paume (:traume) *B*

[1910] wån *B*
[1911] Sich alhie bew. *B*
[1913] *Init. fehlt B* selb herrisch *A*, selb rehte *B*
[1914] vnd *A*, vnd pey *B*
[1915] seint *B* hiemit *A*, damit (:sit) *B*
[1917] ertail *B*
[1918] geschech *B*
[1921] warent *A*, füren *B*

    sît Helmbreht ist an der wide.
    [nû seht ûf und umbe:
    râte iu wol ein tumbe,
1925 dem volgt und ouch des wîsen rât.
    waz ob Helmbreht noch hât
    etewâ junge knehtel?
    die werdent ouch Helmbrehtel.
    vor den gib ich iu niht fride,
1930 si komen ouch danne an die wide.]
     Swer iu ditze mære lese,
    bitet daz im got genædec wese
    und dem tihtære,
    Wernher dem Gartenære.

[1922] Seint helmprecht hieg an der galgen wide amen Explicit Finis adest vere et vere Scriptor debet pretiū hrē *B*
[1923-1934] *fehlen B*
[1924] rat euch *A*
[1925] volget *A*
[1927] ettwa *A*
[1928] werden *A*
[1930] dann *A*
[1931] ditz *A*
[1934] der haysset W. der G. *A*

WORT- UND SACHERKLÄRUNGEN[1]

1–8 Proömium. Über dessen Inhalt und Gestalt siehe Scholler.
7 f. Erzähler als eigener Gewährsmann: Gesamtabenteuer LIII, 1 ff. Siehe J. Schwietering, Die Demutsformel mhd. Dichter, Abhandlungen der Ges. d. Wiss. zu Göttingen, Phil.-hist. Kl., NF. XVII,3, Berlin 1921, S. 14, Anm. 1; B. Boesch, Die Kunstanschauung in der mhd. Dichtung von der Blütezeit bis zum Meistersang, Bern 1936, S. 87.
9–19 Vgl. Neidharts Hildemar-Strophen 85,38–86,30. Dazu und über weitere Neidhart-Beziehungen Panzer, PBB 27, S. 109 ff. und Wiessner S. 152–158.
10 f. *hâr ... reide unde val:* 1898; Neidhart 102,14; Wolfdietrich B,2,3.
12 f. Vgl. Seifried Helbling (hrsg. von Th. von Karajan, ZfdA 4 [1844], S. 1–284) I,485: *in rehter lenge hin ze tal.*
26–103 Haubenschilderung als ‚Einlagestück': Ruh, Versbestand S. 3 bis 6. Die kursiv gedruckten Zeilen 25 und 104–106 bezeichnen die Scharnierverse.
26 ‚knapp und ohne Umschweif': (ironisch) auf die Haubenschilderung bezogen, nicht auf die ganze Erzählung, wie Ittenbach S. 411 meint.
30 Vgl. Willehalm 426,14 *diz mære uns niht betriuget (:erziuget).*
32 ff. Mit Wernhers Haubenprunkbeschreibung läßt sich am besten Flecks *napf*-Schilderung in ‚Flore und Blanscheflur' 1587 bis 1643 vergleichen (Fischer S. 106, Anm. 1). Die literarischen Themenkreise Trojanerkrieg und Rolandslied wurden vielfach und frühzeitig bildlich dargestellt, spärlicher und später der ostgotische Sagenkreis (siehe dazu W. Stammler, Theoderich der Große (Dietrich von Bern) und die Kunst, in: Wort und Bild, Berlin 1962, S. 45–70, bes. S. 57 ff. – Eine knappe Haubendarstellung in Wolfdietrich B,23 f. (mit Borten und Darstellung von Hirschen und Hinden); von einer *swebehoube*

---

[1] Titel, die in der Bibliographie verzeichnet sind, werden in abgekürzter Form gegeben, ebenfalls allgemein bekannte Denkmäler, Hand- und Wörterbücher.

ist im ‚Jüngling', 78–83, des Konrad von Haslau (ZfdA 8 [1851], S. 550–87) die Rede. – Zur Sacherklärung der Haubendarstellung siehe vor allem E. A. Wirtz, Meier Helmbrecht's Cap, und Fechter, Lat. Dichtung S. 64–70. – Die einzige erhaltene Männerhaube des Mittelalters wurde in der Elisabethenkirche zu Marburg gefunden und ist heute im Besitz des Nürnberger Nationalmuseums (H. Kohlhausen, Geschichte des deutschen Kunsthandwerks, München 1955, S. 150, Abb. 127). Sie ist mützenartig geschnitten und zusammengenäht und entspricht darin den bildlichen Darstellungen (Dr. Elfriede Heinemeyer, Landesmuseum Oldenburg, brieflich).

32 *spän* stm. die geringelten Haare des Nackens. Siehe Neidhart 39,31; 102,10; Helbling I,277.

33 ‚der Scheitel folgend zum Schopfe (aufstrebendes Stirnhaar; vgl. Helbling I,275) hin'.

35 *lîm:* Bisher wurde A *lîm* als *lün* verlesen. Es steht so nur noch *lîm* stm. oder n. (*das leym* B, 86 *an dem leym* AB) zur Diskussion. Zur Etymologie siehe Panzer, PBB 27, S. 105 (*limbus* Saum, Borte) und Wirtz S. 442 ff. (roman. Lehnwort *limes, limen, ligamen* Band, Streifen). Zu letzterer Erklärung paßt vorzüglich die A-Lesart *lîm*.

37 Gewöhnlich *Spehteshart* (Bergwald, vgl. Hardt, Harz) Spessart. Als Waldgebirge so bekannt, zudem mit literarischem Renommee (Parz. 216,12; Willehalm 96,16 f.; 377,24 f.; Nibelungen 967,3), daß es keine Schwierigkeiten macht, dessen Kenntnis Wernher zuzutrauen (gegen Keinz[2] S. 80).

41 *geutôre* swm. Narr, Tölpel vom Land (< ahd. *gewi*, mhd. *gou, goü, geu*). Vgl. *geuphâ* ‚Gaupfau' Neidhart 102,11.

44[a, b] Zur Begründung der Aufnahme dieses B-Reimpaars siehe Ruh, Versbestand S. 9 f.

45 *wie* ... (ebenso 49 und 77) als epische Registerformel (Nibelungenlied!); siehe auch 20, 1048.

47 Menelaos, Helena.

58 *anderhalp:* auf der andern (linken, bezogen auf 42) Seite der Haube.

60 *betrüllen* (zu *trol*): zum Narren halten.

67–70 *Arle/Karle, witzen/Galitzen:* Reime des Jüng. Tit. (202,1/2; 120,1/2). F. Wilhelm, Münch. Mus. 3 (1918), S. 226–228, schloß daraus, daß Wernher den Jüng. Tit. gekannt habe. Dagegen, mit Recht, Panzer, PBB 49, S. 150 f.

69 *mit manheit und mit witzen:* siehe Fechter, Lat. Dichtkunst S. 86 ff.

70	Galizien hat Karl nie erobert, doch ist in der Kaiserchronik 14915 ff. von (erfolglosen) Heidenkämpfen in Galizien die Rede.
73/75	um den Hinterkopf. Gegenstück 86–88: vorn herum.
76	*von frouwen Helchen* (Gemahlin Etzels) *kinden:* Scharpfe und Orte.
81	Diether von Bern: der jüngere Bruder Dietrichs, Betreuer der Etzelsöhne und mitverantwortlich für deren Tod.
85	*der gotes tumbe:* Verstärkung von *tump;* ‚der so dumm ist, daß er nicht einmal von Gott weiß‘ (Lambel² z. St.).
93	*überhaben:* ‚übergangen‘ oder ‚freigelassen‘; siehe Wirtz S. 449 f.
107	*allez:* adverbialer Akk. ‚die ganze Zeit‘ (G. Ehrismann, ZfdPh 36 [1904], S. 276).
110	*durch ir hövescheit:* ‚wegen ihrer (Neigung zur) höfischen Lebensart‘. Von *nunnen hübescheit* spricht der Marner XV, 231.
115 f.	Das *nider teil* kann als erotische Zone des Körpers, das *ober (teil)* als Haupt verstanden werden, aber auch als ‚Leib‘ und ‚Seele‘ (so Gough, Ausgabe z. St. und Lemmer S. 71). Die obere oder untere Hälfte des Leibes mit dem Gürtel als Grenze bietet die Heidin ihrem Werber zur Wahl an (Die Heidin, hrsg. von E. Henschel und U. Pretzel, Altdeutsche Quellen 4, 1350 ff.). Vgl. auch Andreas Capellanus, De Amore, c. VI, G (Trojel, ²München 1964, S. 207).
127	*revent:* Refektorium des Klosters.
140	*seit* stm. (mlat. *sagetum*) aus Ziegenhaar gefertigter Wollstoff.
144 f.	*kunder* stn. (zu got. -*kunds* stammend, ais. *kundr* Sohn) Geschöpf, Tier. Die Umschreibung in Wolframischer Manier meint ein Schafsfell.
153	*gnippe* swf. Stechmesser, Dolch; vgl. Neidhart 234,18; 239,54. Dazu paßt *taschen* schlecht; vielleicht mit Schiffmann, PBB 64, S. 46 *tarschen,* kleinere, länglichrunde Schilde.
157	(189) *warkus* (mlat. *gardacorsium* [Du Cange IV, S. 306: pars vestis quae pectus constringit], frz. *gardecorps*) Leibrock, Wams.
165 f.	Stoffe zu Kleidungsstücken wurden in Tücher *(valden)* eingeschlagen. *röckelin:* affektbetontes Diminutiv.
169	Blaues Tuch zu tragen war nach österreichischer Kleiderordnung Bauern nur an Feiertagen gestattet; siehe Helbling II,70 ff.
186	(1123) *rinke* swf. (zu *rinc*) Gürtelschnalle.

190 ff.	Siehe Einleitung S. XIV ff. Vgl. Helbling I,96 f.: *zwischen Wienne und Prâge ist nindert dîn gelîche.*
209 f.	‚daß ich neben diesem Jüngling bei den Frauen nicht reussiert hätte'.
217 ff.	Unsagbarkeitstopos. Vgl. Parz. 404,28 ff.; Willehalm 76,24 ff.
218	*sin* stm. Kunstverstand.
219 f.	*singen und sagen:* beliebte Formel für ‚dichten'. Siehe K. Lachmann, Über Singen und Sagen, Kleinere Schriften I, S. 461–477.
223	*spargolze* swm. Schuhwerk mit Holzstäbchenverschluß (vgl. Ps. Neidhart, *Der hungerkaste* 4,8 in Hagens Minnesinger III, S. 278b). Anders: Birlinger, Germ. 18 (1873), S. 111 und Keinz² S. 81; siehe auch Schmeller² Sp. 680.
232	*holdez herze tragen:* höfische Formel; vgl. Neidhart 39,2; 53,9; 61,37 und Marianne v. Lieres und Wilkau, Sprachformeln in der mhd. Lyrik bis zu Walther v. d. Vogelweide (MTU 9), München 1965, S. 207.
233 ff.	Zum Vater-Sohn-Dialog siehe Ruh, Helmbrecht und Gregorius.
235 ff.	Bis 241 ironisch; siehe B-Lesart 234 *in spotte sprach.*
247 f.	Vgl. 307 f. *menen* das Gespann beim Pflügen antreiben und lenken. Nach Gutenbrunner S. 64 deutet der alte Helmbrecht mit *hab den phluoc* an, er wolle dem Sohne den Hof überlassen. Siehe auch Erika A. Wirtz, MLR 47 (1952), S. 55 f.
254	*verrâtære:* übler Ratgeber. In diesem Sinne wird Lunete als *verrâtærinne* verurteilt (Iwein 4048; dazu 4134 f., 4196 ff.).
264 f.	Vgl. Neidhart 68,38 f. *nû tuont im die secke vil gedon,/die dâ dicke rîtent sînen kragen.* R. Sprenger, Beitr. z. Kunde der idg. Sprachen 1 (1877), S. 55, plädiert für *rîden* ‚verrenken' an beiden Stellen.
269	(825) *weten* stv. (zu got. *ga-widan* verbinden) ins Joch spannen.
287 f.	Vgl. 331 f. und Gregorius 1451 f.
299–328	Zum Aufbau der Stelle siehe Fechter, Gliederung S. 398 f.
299	*Er sprach:* Inquit-Formel (siehe Panzer, PBB 27, S. 91; Ganz S. 28) außerhalb des metrischen Gefüges des Verses. Weitere Fälle 361, 471, 561, 601, 717, 1185, 1257, 1492, 1743, 1779.
305 f.	*swern für ein dinc:* ‚schwören, daß man mit einer Sache nichts zu tun hat' (Panzer, PBB 27, S. 107).
318	Vgl. 322 und Neidhart 102,23, ‚Zäune errichten'. Anders Zingerle, AfdA 19 (1893), S. 299.
321	*korrûn (kurdewan):* Korduanleder.

322	*geziunte zûn:* figura etymologica. Weitere Beispiele: 568, 580 (603 f., 617 f.), 1065, 1204 f.
328	*sich durch wîp verligen:* Erec 2970 f., 10123, Iwein 2790, 2794.
347	*gedingen:* eigentlich ‚eine Sache vor Gericht zu gutem Ende bringen', sich behaupten.
352	*bürge unde phant:* siehe Iwein 7716.
355 f.	‚Die Rechnung ist gemacht; er hat Gott auf seiner Seite'.
363	*büne:* erhöhter Platz für die Honoratioren, eigentl. Brettergerüst mit waagerechter Fläche. ‚Ich will bei den Herren sitzen'.
369	*gurre* swf. minderwertiges Pferd (glossiert als *runcina*) und abwertend, verächtlich für ‚Pferd' (hier und etwa Laurin 251).
390 ff.	Zum Kauf des Hengstes siehe Berthold S. 243 f.
390	*sturz:* Ellenmaß als Lage des gefalteten Lodenstoffes.
397	*mütte* stm. (lat. *modius*) Scheffel.
402	*verlorniu sibeniu:* konkret (sieben verlorene *phunt*) und symbolisch (verlorene Klugheit: Sprenger, Germ. 25 [1880], S. 408).
410	Vgl. 1749 und Neidhart 215,16.
419	*huote:* hier wie *zuht* 425 Muntgewalt.
422	Sachsen als ‚wilder' Stamm: Rolandslied 1773, Kudrun 366,4; 1503,4 (weitere Belege bei Martin, Kudrun zu 366,4).
426	Die Formel kehrt wieder in Ottokars Österr. Reimchronik 4666, 61668, 72361. Sinn: ‚Ich will nichts mehr mit ihm (damit) zu tun haben' (Haupt z. St.); ‚Mag das Unheil seinen Gang haben' (Keinz² S. 82); Pfannmüller, ZfdA 55 (1917), 278-84, sieht den Grundgehalt der Formel in der Entsippung.
428	*an dem ûfriden:* ‚an deinem Strebertum' (Gough, Ausgabe z. St.).
429	Vgl. 1879.
441-464	Zum Aufbau der Mahnreden siehe Fechter, Gliederung S. 399 f.
445	Siehe Einleitung S. XXI; Schiffmann, PBB 64, S. 45. – *clamirre:* Semmelschnitten mit Obst- oder Fleischeinlage. Siehe Keinz² S. 82; anders Pfeiffer S. 298.
462 f.	Fische als Herrenspeise; vgl. 783, 1606; Helbling VIII,884 f.
473	*gîselitze:* mit *glicerium* und *polenta* glossiert (Diefenbach S. 265ᵃ, 444ᵃ). *Geislitz*-Rezepte in Germ. 16 (1871), S. 82; ebd. 25 (1880), S. 432; ZfdA 9 (1853), S. 365. Siehe Pfeiffer S. 298 f.; DWB IV,1,2, Sp. 2622 f.
478	*semele* (lat. *simila*) feines Weizenmehl.
480	*phaht* (lat. *pactum*) Recht, Gesetz.

486	*hôchvertic:* wie 941 hochgerichtet, hochgestimmt.
491	*laz:* gering, von niedriger Abstammung wie 495 *von swacher art* und 500 *swachen mannes kint.* Vgl. Grimm, Rechtsaltertümer⁴ I, S. 427 f.
522	‚welcher von beiden die bessere Lebensweise besitze'. Vgl. 542 und MF 47,21.
524	*engelten* mit Gen. d. Person: durch jemanden zu Schaden kommen. Vgl. 540 und Konrad v. Würzburg, Trojanerkrieg 23264 f.
526	Vgl. Stricker, Die Klage (hrsg. von H. Mettke, ATB 35, Halle 1959, Nr. 30) 50.
532	*geniezen* mit Gen. d. Person: jemand gereicht zum Nutzen. Vgl. 541, 546, 547, 549, Gregorius 3265.
549 ff.	Siehe Einleitung S. XVIII.
559	*hochvart:* hochstrebende, vornehme Lebensweise, ‚Adel'.
565 f.	Siehe Einleitung S. XVII.
574	*sô mir gotes hulde:* Bekräftigungsformel, ‚bei Gott!'
578	*betrâgen* sw., træge werden, verdrießen.
580 ff.	Die These Lunzers S. 195 ff., von W. Schmitz, Traum und Vision in der erzählenden Dichtung des deutschen Mittelalters, Münster/Westf. 1934, S. 95 übernommen, des alten Helmbrecht Träume stünden im Zusammenhang mit dem Traum der Tochter des Polykrates (Herodot III, c. 117–120), ist abwegig.
597	*ahsendrum* stn. Achsenende; vgl. *der rede, des meres, der werlde drum* (lat. *terminus,* nhd. Trümmer, schweizerdt. *drōmli* Fadenende).
598	*wesen frum:* zum Nutzen gereichen.
623 f.	Rabe und Krähe als Totenvögel: siehe Handwb. d. dt. Aberglaubens VII, Sp. 444 ff.; V, Sp. 361 ff.
625	*bestrouben* oder *bestrûben* swv. (zu *strûbe,* struppig) struppig werden. Beim Ansatz *bestrûben* liegt bair. *ou: û*-Reim vor wie 1893/94 *gelouben: hûben.*
629–31	Zum Gebrauch der Anapher für die Klage siehe Fechter, Lat. Dichtung S. 80.
652	*volsprechen:* zu Ende erzählen; vgl. *volweben* 138.
653 ff.	Über Bauernsöhne im Herrendienst und als Bauernschinder siehe Renner 1763 ff. und Rumsland von Sachsen IV,8 (Hagens Minnesinger III, S. 57ᵃ). Siehe auch Einleitung S. XXV.
670 ff.	Zum gehäuften *nam* siehe Tschirch S. 298; Fechter, Lat. Dichtung S. 81 ff.

677 *pfeit* stf. (got. *paida*) Hemd; noch heute bair. (Schmeller² Sp. 443 ff.) und PN. *Pfeidler*.

684 ff. Zur Schiffahrtsmetapher für weltliches Heil siehe Fechter, Lat. Dichtung S. 76 ff., bes. 78; der Helmbrecht-Stelle am nächsten steht, von Fechter übersehen, Erec 7796 f.

697-838 Die Heimkehrszene wird von Panzer, PBB 33, S. 393-398, auf einen Schwank zurückgeführt. Ich vermag ihm darin, im Gegensatz zur gesamten Forschung, nicht zu folgen, weil der Schwank offensichtlich jüngeren Datums ist (ein Bauernsohn des 13. Jahrhunderts geht nicht zur Schule) und entscheidende Elemente der Helmbrechtszene im Vergleich unberücksichtigt bleiben.

707 ‚wie sie nie sprangen, wenn ein Kalb am Krepieren war'.

710 *bruoch* stf. (siehe *bruoh* im Ahd. Wb. I, Sp. 1451 f.) Kleidungsstück, welches das Gesäß bedeckt, bäurische knielange Hose; vgl. Parz. 127,2.

711-48 Zum Aufbau der Begrüßungsszene siehe Tschirch S. 311.

711 (1088) *vrîwîp:* persönlich freie, d. h. nicht leibeigene Magd. Dasselbe gilt vom *kneht = vrîman* 743, 1727.

717 f. Helmbrecht *vlæmet mit der rede* (Neidhart 82,2). Vgl. auch Helbling I,290.

722 *gratia vester:* fehlerhaftes Latein des Autors oder zur Charakterisierung des Sprechers? Auch bloßer Reimzwang könnte für *vester* verantwortlich gemacht werden.

723 *den jungen was gâch* (nhd. jäh): sie hatten es eilig, ‚die Jungmannschaft stürmte nach vorn'.

726 *deu sal:* afrz. *deu (vos) salue*.

728 *dobra ytra:* böhm. ‚guten Morgen'. Die böhmische Grußformel auch Helbling XIV,23 und Innsbrucker Osterspiel 722, 724.

740a, b Zur Begründung der Aufnahme des B-Reimpaares siehe Ruh, Versbestand S. 9.

764 (1696) *snacken* sw. ndd. (Unnützes) schwatzen (Konjektur von Ed. Schröder, DLZ 1887, Sp. 1272).

787 *Walhen:* Wälschland, Frankreich.

788 f. Will heißen: ‚ihr müßt euch aus eurem Mantelsack (*malhe* swf., ahd. as. *malacha*, daraus afrz. *male*) verpflegen'.

793 *mete* stm. weinartiges Getränk aus vergorenem Honig, das allen idg. Völkern bekannt war. Siehe Schrader/Nehring, Reallex. der idg. Altertumskunde I, S. 139.

818 Vgl. Parz. 124,30.

819 ff. Zu den Ochsennamen siehe W. Wackernagel, Germ. 4 (1859), S. 151; A. Birlinger, Germ. 18 (1873), S. 110 f.; Keinz² S. 84.
828 (1648) *kerge* stf. (zu *karc* besorgt, sparsam, witzig) Klugheit.
843 *enphetten* swv. (zu *pheit* 677) entkleiden, hier ‚ausschirren'; siehe Schmeller² Sp. 445.
847 *zadel (zâdel)* stm. Mangel, bes. an Nahrung, glossiert mit *penuria* (Diefenbach S. 424ᵃ); *niht mit zadele:* reichlich.
848 *enwadele* adv. *(in wadele,* zu *wadelen,* schweifen) hin und her; vgl. Wernher, Maria (hrsg. von Wesle, ATB 26) 594 *ir sin fuor enwedele.*
867 *krût vil kleine gesniten:* Kraut als typisches Eingangsgericht (Keinz² S. 84). Daß man im Traungau und damit östlich des Innviertels das Krautgericht nicht kenne (Keinz, Münch. S. B. 1865, I, S. 324), widerlegt Panzer, PBB 27, S. 89, Anm. 2, mit dem Hinweis auf Helbling I, 943 ff.
868 (871, 874) *veizt* gemästet (ahd. *veizit,* unverschoben: fett) part. adj. zu *veiz* (< germ. **faita-);* siehe R. Schützeichel, Unter Fettenhennen, Festschrift Josef Quint, Bonn 1964, S. 208 f.).
871 *mar, marwer* (im Ablaut zu *mürwe*) mürbe, weich.
897 Wanghausen am östl. Ufer der Salzach im Innviertel; Leubenbach (B) = Leonbach zwischen Wels und Kremsmünster im Traungau.
913 ff. Keinz² S. 85 vergleicht mit Helbling XV,47–74.
925–63 Siehe Fechter, Lat. Dichtkunst S. 85: dreifacher Topos höfischer Freude.
927 *buhurdiern* (afrz. *behorder* < fränk. **bihurdan,* den Turnierplatz einzäunen; siehe Wartburg, Franz. Etym. Wb. I, S. 357 f.) scharweises Lanzenstechen als Turnierübung.
941 *hôchvertic:* wie 486 hochgestimmt, fröhlich.
949 *wunne überkraft:* Übermaß an Freude. Vgl. Nibelungen 270,2; Wigalois 1458 f., 1587; Krone 29888; Heinrich von Neustadt, Apollonius 2208; 17322.
957 Die Spielmannsdichtung Herzog Ernst war im Südosten Deutschlands besonders beliebt.
963 *jagen* (Treibjagd) und *birsen* (afrz. *berser,* jagen mit Pfeil und Bogen, nhd. pirschen), höfisches Modewort seit dem ausgehenden 12. Jh.
975 *lôsen* sw. zum Adj. *lôs* (969): los, durchtrieben sein.
984 ff. Panzer, PBB 49, S. 144, sieht die Vorlage der Verfallsschilderung in Strickers ‚Klage' (siehe zu 526), bes. 113 ff.
1001 *brieve von minne:* Gattung der sog. ‚Büchlein' (z. B. Hart-

manns ‚Klage') oder wahrscheinlicher ‚Liebesreden' (mit R. Sprenger, Germ. 21 [1876], S. 349).

1002 *lîtgebinne:* die den *lît* (Obstwein, Gewürzwein; got. *leiþu*) spendet, Schenkwirtin; vgl. Helbling I, 337, 349.

1003 *maser* stm. (an *mösurr*, ags. *maser*, Ahorn) Trinkbecher aus Ahornholz. Siehe A. Schultz, Das höfische Leben² I, S. 378 f.

1010 Vgl. Neidhart 93,38 f. *er den man/snîdet mit der zungen.*

1019 Vgl. Freidank 46,15 *æhte und ban sint tôren spot.*

1023 f. Vgl. Stricker, Klage 383 f. *der alte sit ist nu verslagen/und ist ein niuwer fur getragen.*

1025 (1027) *kroyieren:* Schlacht- und Turnierruf (*kroije, krîe:* afrz. *crie*) des Herolds.

1049 ff. Zu Helmbrechts Gaben siehe Nordmeyer S. 211 ff.

1052 *gämelîch* (zu *gamen*, engl. *game*, Spiel, Lust) spaßhaft; ‚launig ausgewählte Gastgeschenke'.

1057–90 Zum Aufbau siehe Fechter, Gliederung S. 400 ff.

1059 *kumph* stm. (gr. χύμβος, mlat. *cimpus*) Gefäß, hier u. ö. für den Wetzstein.

1067 Das Tragen von Fuchspelz war Adel und Geistlichkeit (siehe 1070) vorbehalten.

1075 *gebinde* stn. Band, nicht zu verwechseln mit *gebende*, dem Kopfschmuck der verheirateten Frauen.

1082 ff. Zur Erklärung, die von der Lesart *ander* A, bzw. *anders* B abhängt, siehe Panzer, PBB 27, S. 108; Lambel, Anzeiger S. 223 f.; Ehrismann, ZfdPh 36 (1904), S. 276.

1108 *huobegelt:* Grundzins einer *huobe* (249) Hufe Land.

1121 f. Vgl. Parz. 161,14 f.

1123 Siehe zu 186. Die Gürtelschnalle soll, nachdem Helmbrecht sie um drei Löcher enger schließen mußte (1121 f.), wieder am alten Ort stehen.

1152 f. Das Lockern des Gürtels bei Tische galt als unhöflich; siehe Höfische Tischzuchten, hrsg. von A. Schirokauer / Th. P. Thornton (Texte des späten Mittelalters 4), Berlin 1957, Nr. 6a,125; Nr. 6c,17 f. und M. Haupt, ZfdA 7 (1849), S. 174, Z. 15 f.).

1166 f. Tischsitten verbieten das Blasen bei Tische schlechthin; siehe Höfische Tischzuchten a. a. O., Nr. 2,54°; Nr. 6a,83; Nr. 7, 305 f.; Nr. 10,115.

1185 ff. Zu den Räubernamen siehe R. Müller, ZfdA 31 (1887), S. 96 ff.; B. Boesch, DVjS 32 (1958), S. 241 ff. Ähnliche Listen sprechender Namen: Renner 1671–1701; in Wittenwilers ‚Ring' (siehe B. Boesch, Die Namenwelt in Wittenwilers ‚Ring' und seiner

Quelle, Festschrift A. Bach, Heidelberg 1965, S. 127–159, bes. S. 145 f., 151 f., 156 ff.); Dantes Teufelnamen Inf. XXI,118 ff. Tschirch S. 312 vergleicht die Reihenfolge mit derjenigen 1539 ff.

1185 *Lemberslint:* der Lämmer verschlingt, urkdl. belegt (siehe R. Müller, ZfdA 31, S. 98).

1186 *Slickenwider:* Schluckdenwidder. Vgl. *Schlickenbrei* urkdl., *Schlickenprein* (Keller, Fastnachtspiele I, S. 403, 446), *Slickinbrÿ* (Renner 1676, Hs. F); *Schlickenmost, Schlickenwurst* (Keller, Fastnachtspiele I, S. 214); *Schluckendarm* (Streit zwischen Herbst und Mai, in: Frühe Schweizerspiele, hrsg. von Friederike Christ-Kutter, Altdt. Übungstexte 19, Bern 1963, S. 14, V. 100).

1189 *Hellesac:* als Appelativ in Hagens Minnesinger III, S. 91ᵃ; Birlinger, Germ. 18 (1873), S. 111, notiert ‚Potz Hellsack!' als Fluch vom obern Neckar; *Hellegaist* Ring 7156. – *Rütelschrîn:* der den Schrein rüttelt.

1191 *Küefrâz* urkdl. belegt. – *Müschenkelch:* zerschlage, zermalme *(müschen)* den Kelch. Gemeint sind geraubte liturgische Kelche, die man zerschlug, weil sie anders als offenkundiges Diebesgut nicht verkäuflich waren. Siehe Lambel, Ausgabe z. St.

1195 *Wolvesguome:* Wolfsrachen.

1203 *Wolvesdrüzzel* (vgl. nhd. drosseln): Wolfsschlund.

1205 (1207) *îsenhalt* stn. eiserner Kasten zur Aufbewahrung von Wertsachen, nicht mit Lexer I, Sp. 1457 und Birlinger, Germ. 18 (1873), S. 111, ‚eiserne Beinschelle' (so Gregorius 2989).

1215 *compan:* vlat. *companio,* afrz. *compain,* Brotgenosse, Geselle.

1220 *Nônarre Narrîe:* fiktiver geographischer Scherzname. Vgl. W. Wackernagels Liste erfundener Ortsnamen, Kleinere Schriften III, Leipzig 1874, S. 125–127.

1221 *Wolvesdarm:* auch bei Helbling I,372, 385, 421, 428.

1237 *Slintezgeu:* Schlingdengau, urkdl. belegter Name (Zingerle, AfdA 19 [1893], S. 297, Anm. 1). Im ‚Streit zwischen Herbst und Mai' (siehe zu 1186) 92 konjizierte S. Singer *schlisgoᵉ* zu *Slintezgöu.* Vgl. *Schlinddenspek* Ring 2636, *Schlinddenspisz* Meier Betz und Metzen hochzit (ATB 48) 127.

1238 ff. Siehe zu 653 ff.

1244 *rucke* stm. Rauch (Schmeller² Sp. 48; ZfdW 13 [1911/12], S. 328). Vgl. z. St. Helbling I,689 ff. Aufhängen im *slât* (Rauchtrichter: siehe Handwb. d. dt. Aberglaubens, Nachtragsband Sp. 285)?

1250 (1922, 1930) *wide* stf. Strang aus gedrehten Zweigen.
1251 *sparrâder:* nur an dieser Stelle; ist aber wohl identisch mit *sporâder* (Keller, Fastnachtspiele II, S. 828,4), Fersensehne. Siehe Schmeller² Sp. 681.
1261 ff. Zum Schergenbann (vgl. auch 1623 ff. und 1641 ff.) siehe Keinz, Münch. S. B. 1865, I, S. 324 f.
1277 *verkallen:* durch Schwatzen *(kallen)* verwirken.
1291 (118 B) *slegerint* Schlachtrind.
1293 Unvermittelter Übergang zum geheimen Gespräch zwischen Helmbrecht und Gotelint. Erst 1431 f. vermerkt der Dichter, daß die Eltern die *rede* nicht vernommen hätten. Doch braucht man nicht mit Kolb S. 3 f. an ‚mimisches Beiseitesprechen' zu denken.
1305 ff. Der Kreuzweg *(wegescheide)* als unheiliger Ort ist die Stelle des Galgens und der beerdigten Verbrecher (siehe Grimm, Rechtsaltertümer⁴ II, S. 325). Durch Beräucherung bei Nacht während eines Jahres, der Zeit der Trauer um einen verstorbenen Gatten, sollten böse Geister vom Toten abgehalten werden (siehe Handwb. d. dt. Aberglaubens VI, Sp. 714; IX, Sp. 284).
1327 *morgengâbe:* siehe Grimm, Rechtsaltertümer⁴ I, S. 610 ff.
1334 Über *kriuzer* und *haller* (B) siehe Keinz² S. 87 f.
1336 *rîse, rîs* stn. der Fall (zu *rîsen*, got. -reisan, sich bewegen) eine Art Schleier, der Kinn und Wange bedeckt, allgemein = *gebende*, Kopfbedeckung der verheirateten Frau.
1344 *schoppen* swv. vollstopfen. Siehe Schmeller² Sp. 437; Schatz, Wb. der Tiroler Mundarten II, S. 549; Schweiz. Id. 8, Sp. 1021 ff.
1345 *fritschâl* stm. (mlat. *fritsalum*) und *brûnât* stm. (mlat. *brunetum*) sind feine, kostbare Stoffe, in höfischer Dichtung reich bezeugt. Siehe A. Schultz, Das höfische Leben² I, S. 352 f. – *veder* stf. flaumiges Pelzwerk. – *vêch* (urverwandt mit gr. ποικίλος) mehrfarbig, bunt.
1347 *scharlât* (mlat. *scarlatum*) kostbarer Wollstoff. Aus *scharlât* ist besonders der *brûtlachen.* Siehe Schultz a. a. O. I, S. 354 f.
1348 *dâ für gestrecket:* ‚verbrämt'.
1352 *morgen:* am Morgen nach der Hochzeitsnacht *(morgengâbe* 1327).
1359 *niuwen* stv. stampfen, zerstoßen, die Stampfmühle betätigen; nach Keinz² S. 88 ‚Erdschollen zerschlagen'.
1360 Flachs brechen, schwingen, schlagen. Vgl. Iwein 6203 f.
1361 *ruoben graben:* Keinz, Münch. S. B. 1865, I, S, 326, behaup-

tete, daß östlich vom Innviertel *ruoben ziehen* gelte. Dagegen Panzer, PBB 27, S. 89, Anm. 2, mit Hinweis auf Helbling I, 646. *rüeben graben* auch Neidhart 43,23.

1366 ff. Vgl. Neidhart 27,23–25.

1391 (606) *lôch* stm. Gebüsch, Niederwald. Vgl. den Ortsnamentypus Buch-loe, Hohen-lohe, Water-loo, Os-lo). Ebensowenig wie 1427 *kienlîte*, mit Keinz² S. 88 als Flurnamen aufzufassen.

1394 Grußformel (Keinz² S. 88).

1398 Vgl. Parz. 184,24 f. und Walther 34,35.

1418 Dieselbe Spottformel an die Adresse der Braut nach der Hochzeitsnacht Ulrich von Türheim, Rennewart 5360 f.; 5368 f.; allgemein von Beischläferinnen: Gesamtabenteuer XXII,334; XXXV,138 f.

1419 Vgl. Neidhart 39,8 f.

1427 *kienlîte* swf. mit Kiefern *(kienboum)* bewachsener Berghang *(lîte)*.

1429 f. Vgl. Neidhart 27,34.

1461 f. Grüßen nach der Richtung hin, wo die Geliebte weilt: Graf von Anhalt II,1,1 f.; 2,4 (Kraus, Deutsche Liederdichter des 13. Jahrhunderts I, S. 21; dazu Kommentar II, S. 19 f.). Vgl. auch Iwein 5837 ff. und Parz. 375,26 f.

1478 f. Die Hochzeit zwischen Artus und Ginover wird in keinem deutschen Artusroman geschildert; sie gehört thematisch in den Bereich des ‚Merlin' (siehe O. Sommer, The Vulgate Version of the Arthurian Romances II, Washington 1908, S. 217 und G. Paris/J. Ulrich, Merlin II, Paris 1886, S. 71). Es bedurfte jedoch nur des allgemeinen Wissens um die *rîcheit* von Artus' *hôchgezîten*, um sich das Vermählungsfest als ungewöhnlich üppig vorzustellen. – *Artûs: hûs* ist literarischer Reim. Doch ist nach dem Ausweis der Hss. die Form *Artaus* im bair.-österr. Raum, jedenfalls vom 14. Jh. an, völlig geläufig.

1497 f. Vgl. Neidhart 64,8.

1503–06 Dazu siehe 1529–32. Als Tristan-Parodie (umschlingende Reime!) verstanden von R. M. Meyer, ZfdPh 40 (1908), S. 426, Nordmeyer S. 284 und Tschirch S. 305; siehe auch W. Mohr, Syntaktisches Werbe- und Liebesspiel, PBB (Tüb.) 81 (1959), S. 169 ff.

1507 ff. Zum Trauzeremoniell: W. Wackernagel, ZfdA 2 (1842), S. 550 ff.; R. Schröder, ZfdPh 2 (1870), S. 304, Keinz² S. 89 f.; Lemmer S. 91.

1533 *si sungen alle:* nämlich den *hîleich*, Brautgesang.

1534 Auf den Fuß treten als Zeichen der Besitzergreifung siehe Wackernagel a. a. O. S. 550; Keinz² S. 90; Grimm, Rechtsaltertümer⁴ I, S. 196 f.

1568 ff. *gâhen der spîse* sich bei der Mahlzeit beeilen, gierig essen; sprichwörtlich (*saget ein man wîse* 1567) von Menschen, die dem Tode geweiht sind.

1613 *rihter selpfünfte* (er selbst der fünfte): der Richter mit vier Helfern (*knehte* 1620).

1620 *scherge* als Gerichtsvollzieher: siehe Schiffmann, PBB 42, S. 5 f.; Panzer, PBB 49, S. 148 f.

1639 *wunderære:* der Wunder tut oder der wunderbar lebt. Von Gott: Laurin 308 (identisch mit Helmbr. 1639), Tristan 10009; Guter Gerhard 4045; Jüng. Tit. 4681,2 (Jesus); Heinrich von Neustadt, Gottes Zukunft 968 (Sabaoth); von wundertätigen Heiligen: Konrad von Würzburg, Pantaleon 618; von Helden: Erec 9308, 10045; Tristan 16216; Rudolf von Ems, Alexander 15792, 15812, 15828, 16844, 17576.

1641 ff. Siehe zu 1261 ff.

1651 Vgl. den Einsatz 697. *mære mit sprüchen* (*spruch* richterlicher Ausspruch) bezieht sich auf die Verurteilung. ‚Nun vernehmt die Geschichte von der Verurteilung (der Bande)'.

1652 ff. Zur Behandlung und Verurteilung der Diebe siehe R. Schröder, ZfdPh 2 (1870), S. 303 f.; E. Klibansky, Gerichtsszene und Prozeßform in erzählenden deutschen Dichtungen des 12.–14. Jahrhunderts (Germ. Stud. 40), Berlin 1925, S. 58 f.

1674 ff. Die schwierige Stelle ist, da sie den im Zusammenhang völlig deplazierten Vorwurf der Käuflichkeit der Richter (so Freidank 48,5–8) auszusprechen scheint, als Interpolation verdächtigt worden (Keinz² S. 91; Helsig S. 14). Siehe zum Verständnis der Stelle Gough, Ausgabe z. St.; Lemmer S. 94; Ruh, Versbestand S. 7 f.

1679 ff. Eigentümliche Verbindung des Schergenrechts (Freilassung des zehnten Mannes) mit der *râche* für das Vergehen gegen das Vierte Gebot (1687 ff.).

1683 sprichwörtlich: siehe S. Singer, Sprichwörter des Mittelalters III, Bern 1947, S. 93 f. Gegen die Wahrheit dieses Wortes wendet sich der Barfüßer Volmar (Germ. 3 [1858], S. 232 f.). Zur Stelle siehe auch Berthold S. 243.

1691 In der Regel ist es die rechte Hand und der linke Fuß (siehe Grimm, Rechtsaltertümer⁴ II, S. 291 ff.); vgl. u. a. Laurin 74, 262.

1707 ff. Zum Verständnis der 2. Heimkehrszene siehe Pfannmüller S. 550 f.
1723 *teidinc (tage-dinc):* eigentlich Gerichtstag, gerichtliche Verhandlung, hier ‚Hin- und Herreden‘.
1769 f. *in der minne durch got:* ‚in christlicher Nächstenliebe‘.
1775 *hônlachen:* scheint der früheste, in den Wörterbüchern als hapax legomenon verzeichnete Beleg zu sein. Weitere Belege im Prosalancelot II (hrsg. von R. Kluge, DTM 47, Berlin 1963, 647,6; 677,7).
1776 *krachen des herze:* vgl. Iwein 4416; Heinrich von Neustadt, Apollonius 2366; Gottes Zukunft 6563 f.
1788 *sich mæren:* sich verwirklichen, bewahrheiten. *hœher:* konkret im Hinblick auf den Tod des Erhängens zu verstehen.
1796 *ein halbez brôt:* die geringste Gabe. Vgl. Parz. 142,22 f.
1801 *der sunnen haz:* Erec 94; Parz. 247,26; Otte, Eraclius 1066; Ulrich von Lichtenstein, Frauendienst 375,26 (1310,6).
1808 *sich verrîden (rîden,* ahd. *wrîdan* wenden, drehen; dazu *reide* 11, 273, 1898 lockig) sich verkehren, verändern; vgl. Neidhart 50,1. ‚Das könnte jedoch anders werden‘.
1809 *ungetriuwer Rûz:* zur Diskussion der Lesart siehe Gough, Notes on the Mss. S. 136 f. *ungetriuwe* bezieht sich jedenfalls auf den angesprochenen blinden Helmbrecht. *rûz,* Russe ‚fremder Mensch‘; gewöhnliche Form *riuz* (= B *reus*). Möglich ist auch *rûz* (von *rûzen,* Geräusch machen, schnarchen) Schwätzer, Spottname für Bauer (*Schnabelrausz* im Neidhartspiel, Keller, Fastnachtspiele I, S. 395,25; 445,35); auch als Personenname (Charlotte Scheffler-Erhard, Alt-Nürnberger Namenbuch, Nürnberg 1959, S. 248 f.): *kamerrûze* stf. im Schwank von der halben Birne (Gesamtabenteuer X, 243).
1830 f. *kuo von siben binden:* Kuh, die sieben Hornringe *(binde)* aufweist, d. h. siebenmal gekalbt hat.
1837 *daz in der sunne vert:* Staub. Belege bei Pfannmüller S. 256.
1847 *glêt* stm. (slav. Lehnwort; siehe M. Vasmer, Russ. Etym. Wb., Heidelberg 1953, I, S. 569) Vorratskammer im ‚Wettermantel‘ des Hauses (Schlickinger S. 30). Belege bei Schmeller[2] Sp. 978.
1851 *brechen (zebrechen) als ein huon:* Rolandslied 3791; Erec 5483; Stricker, Karl 4643; Daniel 2761, 3191.
1886 ff. Vgl. Neidhart 86,25 f.
1893 f. Von diesen Versen leitet Ittenbach S. 410 f. den symbolisch verstandenen Titel ‚Die Haube‘ ab; dagegen, mit Recht, Panzer, Ausgabe[5] S. XXI, Anm. 1.

1901 ‚das (das Zerstückeln der Haube und das Auszerren der Haare) war indes ein kleines Geschäft'.

1903 *müedinc:* kraftloser, elender Mensch, ursprünglich auf den Unfreien bezogen (Grimm, Rechtsaltertümer[4] I, 428; II, S. 205). Als Schimpfwort: Reinhart Fuchs (hrsg. von Baesecke, ATB 7) 558, 658; Pfaffe Amis (hrsg. von Lambel, Erzählungen und Schwänke[2], Leipzig 1883) 2450, Altdeutsche Beispiele (ZfdA 7 [1849], S. 318 ff.) XV, 21.

1913 *selpherrisch:* der sein eigener Herr sein will, scheint nur hier belegt zu sein; sonst *selphêr, selbherre.*

1917 *erteilen* mit Dat. d. Pers. jemandem ein Urteil zuerkennen; siehe K. F. Freudenthal, Arnulfingisch-karolingische Rechtswörter, Tübingen 1949, S. 54 ff.

1922 (1930) *an der wide* (siehe zu 1250): ‚am Strang'; vgl. Parz. 341,28.

1923-30 Als unecht beurteilt von J. Schwietering, Demutsformel (siehe zu 7 f.) S. 13 f.; Neumann S. 202; Nordmeyer S. 263, Banta S. 701, Ruh, Versbestand S. 11 f.

Bei Fragen zur Produktsicherheit wenden Sie sich bitte an:
If you have any questions regarding product safety,
please contact:

Walter de Gruyter GmbH
Genthiner Straße 13
10785 Berlin
productsafety@degruyterbrill.com